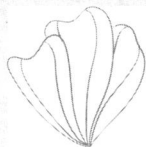

高质量新就业研究丛书 · 第 **Ⅱ** 辑

中国人民大学科学研究基金重大规划项目成果（23XNLG04）

零工经济

理论与实践

杨伟国　郑祁 ／ 著

Gig Economy
Theory and Practice

东北财经大学出版社
Dongbei University of Finance & Economics Press

大连

图书在版编目（CIP）数据

零工经济：理论与实践 / 杨伟国，郑祁著. —大连：东北财经大学出版社，2025.6.—（高质量新就业研究丛书·第Ⅱ辑）. —ISBN 978-7-5654-5695-4

Ⅰ.F249.2

中国国家版本馆CIP数据核字第2025SH9629号

零工经济：理论与实践

LINGGONG JINGJI：LILUN YU SHIJIAN

东北财经大学出版社出版发行

大连市黑石礁尖山街217号　邮政编码　116025

网　　址：http://www.dufep.cn

读者信箱：dufep@dufe.edu.cn

大连金华光彩色印刷有限公司印刷

幅面尺寸：170mm×250mm　字数：202千字　印张：15.25

2025年6月第1版　　　　　　　　2025年6月第1次印刷

责任编辑：石真珍　孙晓梅　　　　责任校对：刘贤恩

封面设计：张智波　　　　　　　　版式设计：原　皓

书号：ISBN 978-7-5654-5695-4　　定价：78.00元

总序

2021年10月18日，习近平总书记在主持中共中央政治局第三十四次集体学习时指出，数字经济发展速度之快、辐射范围之广、影响程度之深前所未有，正在成为重组全球要素资源、重塑全球经济结构、改变全球竞争格局的关键力量。数字经济浪潮下，我国的就业市场正在发生重大变革，数字技术在"创造性"地释放新就业机会的同时，不断重塑着传统产业与经济领域的就业形态与雇佣关系，"就业市场"正在转型为"工作市场"。尽管目前学术界有关数字经济与工作市场的讨论取得了不少成果，但多数仍囿于传统的范式框架，对工作市场的理解缺乏新视角和新证据，因此亟待展开更为系统、深入的理论与实证研究。

本丛书是《高质量新就业研究丛书》的第Ⅱ辑。在第Ⅰ辑中，我们从国家应对数字经济挑战的战略部署以及数字经济下新就业发展的趋势特征等方面，初步揭示了数字经济与工作市场的内在关联以及政府促进就业高质量发展的治理路径；与此同时，通过聚焦数字平台工作，深入考察了数字技术对工作技能及组织关系的深远影响。

在第Ⅰ辑有关数字经济与工作市场探索性研究的基础上，第Ⅱ辑试图开展进一步的理论与实证研究。我们努力深入工作市场发展的细分领域，立足工作市场范式转型的新视角，阐释数字经济影响下我国工作市场出现的三大结构性变革：一是人力资本关系转型，基于人力资本关系新框架，揭示数字经济推动就业从基于劳动雇佣的劳动力市场转向更加灵活、多样、复杂的工作市场的内在动因；二是人力资源管理转型，聚焦企业人力资源管理数字化与数字化管理，深入分析人力资本管理模式对组织结构及人员绩效的深远影响及其应对思路；三是人力资本配置转型，考察灵活多元的新型用工模式，特别是零工就业内部复杂多样的工作类型，进而从政策与产业（人力资源服务业）角度探讨建立与数字经济相适应的人力资本匹配机制的可行路径，深刻阐释数字经济影响下企业多元化用工模式形成的内在逻辑，并为理解企业链接外部人力资本、提升组织效能的动力机制及影响效果提供重要的学理支撑。不仅如此，本丛书针对数字经济下工作市场变革的深入讨论，最终落脚在如何更好地适应与保障劳动者权益这一根本性问题上，为探索建立与数字经济新就业相适应的劳动权益保障体制提供有益的学术与实践思考。

本丛书作为中国人民大学科学研究基金重大规划项目"数字经济与工作市场研究"（编号：23XNLG04）的研究成果得到了中国人民大学科学研究基金的资助。本丛书的基本观点，我们在不同场合做过分享，并且得到了许多领导、专家、同仁的评论意见和重要建议，在此表示衷心的感谢！尽管恪守严谨规范的态度，但由于作者学术功底与专业理解的欠缺，本丛书必定还存在诸多不足之处，作者对此承担全部责任。本丛书的推出，得到了东北财经大学出版社的全力支持，特致谢忱！

杨伟国

于中国人民大学劳动人事学院

2023 年 6 月

前言

21世纪初以来，数字经济在全球范围内迅速发展，成为当今世界经济中一股举足轻重的力量。正如基思·威利茨（2013）在《数字经济大趋势》（*Unzipping the Digital Economy*）一书的前言中所提及的，"在这个十年将要结束之时，世界将要和以往大不一样，人类即将建立起一个充满活力的完全基于数字经济的新世界。到那时候，但凡能够数字化（的一切）都将被数字化"。数字化将改变世界范围内的商业模式，而这很可能是有史以来人类经济生活方式转变过程中最重要的一环。

数字经济已成为推动创新、竞争和增长的关键力量之一（European Commission，2017），它已经深入银行、零售、能源、交通、教育、出版、媒体和健康等多个行业，并且"正在改变人们的社交方式和人际互动模式"（OECD，2015）。这些变革不仅提升了各国人民的生活水平，还为劳动力市场带来了大量新的就业机会。截至2022年，全球互联网用户数已突破50亿大关（唐维红，2023）。联合国贸易和发展会议（UNCTAD）在其发布的《2024年数字经济报告》中，探讨了跨境数据流动与数字经济的发展趋势。该报告指出，2022年，全球互联网流量已超过2016年以前的总和（王皓，2022）。国际数据公司（IDC，2024）预测，到2027年，世界各国在数字经济转型上的投资将接近4万亿美元，年复合增长率将达到16.2%。

数字经济的到来，在宏观上，使一个国家乃至世界经济获得了以往无可比拟的加速发展机会；在微观上，不仅改变了人们的消费习惯和生活方式，也给人们的就业带来了深远的影响，越来越多的劳动者投入数字经济工作市场中。

习近平总书记指出，"当今世界，科技革命和产业变革日新月异，数字经济蓬勃发展，深刻改变着人类生产、生活方式，对各国经济社会发展、全球治理体系、人类文明进程影响深远"，并提出"不断做强做优做大我国数字经济"。

党的十九大以来，以习近平同志为核心的党中央对实施国家大数据战略、构建以数据为关键要素的数字经济、加快建设数字中国等工作做出了重大战略部署。2018 年 11 月，在二十国集团（G20）领导人第十三次峰会上，习近平主席再次强调"要鼓励创新，促进数字经济和实体经济深度融合"。2019 年《政府工作报告》也明确指出，"深化大数据、人工智能等研发应用，培育新一代信息技术、高端装备、生物医药、新能源汽车、新材料等新兴产业集群，壮大数字经济"。对我国而言，发展数字经济，对贯彻落实党中央、国务院决策部署，深化供给侧结构性改革，推动新旧动能接续转换，实现高质量发展具有重大意义。党的二十大报告也强调，加快发展数字经济，促进数字经济和实体经济深度融合，打造具有国际竞争力的数字产业集群。

新时代新征程，为了适应经济发展新的形势、政策和战略需求，把握新一轮科技革命和产业变革新机遇，推动社会经济向高质量发展轨道转变，我国也在努力促进数字经济和实体经济深度融合。中国信息通信研究院发布的《中国数字经济发展与就业白皮书（2019 年）》显示，2018 年，我国数字经济规模达到 31.3 万亿元，同比增长 20.9%，占全国 GDP 总量的 34.8%。其中，软件和信息技术服务业、互联网行业增长较快，收入同比分别增长 14.2% 和 20.3%。我国产业数字化深入推进，2018 年，产业数字化规模超过 24.9 万亿元，占 GDP 总量的 27.6%。工业、服务业、农业数字经济占行业增加值的比重分别为 18.3%、35.9% 和 7.3%。北京雁栖湖应用数学研究院发布的《中国数字经济发展白皮书（2023 年）》显示，2022 年，我国数字经济规模高达 50.2 万亿元，同比名义增长 10.3%，已连续 11 年显著高于同期 GDP 名义增速，数字经济占 GDP 的比重达到 41.5%。此外，政府数字化依法治理、协同治理能力也全面提升，逐渐形成了多方共治格局，打造出规范有序、包容审慎、鼓励创新的数字经济发展大环境。

党的二十大报告提出，"实施就业优先战略。就业是最基本的民生"，强调"强化就业优先政策，健全就业促进机制，促进高质量充分就业。健全就业公共服务体系……破除妨碍劳动力、人才流动的体制和政策弊端，消除影响平等就业的不合理限制和就业歧视，使人人都有通过勤奋劳动实现自身发展的机会"。在数字经济发展中，一系列基于数字技术的点对点经济活动，大大减少了资源消耗，提高了资源利用效率，为劳动者就业提供了新方向。我国数字经济吸纳就业（提供工作机会）能力大大提升。2018年，我国数字经济领域就业岗位约为1.91亿个，占总就业人数的24.6%，同比增长11.5%，远超出同期全国总就业规模增速（中国信息通信研究院，2019）。在应对2020年新冠疫情的大考中，数字化技术的加速应用成为促进经济复苏发展、稳就业、保就业的重要手段（人力资源和社会保障部，2020）。疫情期间的数字经济成为亮点，绝大多数企业不但没有受到影响，反而拓展了发展空间。网络经济、云服务等新业态的发展，保证了中国社会经济在疫情期间的有效运转。企业在发展过程中不断探索和调整工作制度，根据自身状况灵活确定用工政策，利用数字技术让灵活就业形式变得更为多样化，解决了大多数劳动者的就业问题（李心萍，2020）。

作为数字经济的重要表现形式，零工经济（Gig Economy）成为很多企业转型的方向和目标，数量可观的劳动者也将目光投向了零工市场。安德普翰（2021）统计数据显示，在美国约2/3的公司中，每四名员工中就有一名是零工。在全球范围内，2005—2015年的10年间，零工就业人数在总劳动人口中的比重增加了6%；2015年以后，零工群体更是以每年26%的速度增长（Kässi and Lehdonvirta，2016）。据国际劳工组织的数据，2020年全球约有1.6亿人参与零工经济，占全球劳动力的5%左右。预计未来20年，将有近4亿人参与零工工作。包括滴滴、阿里巴巴、京东等在内的互联网巨头为劳动者提供了大量的零工工作机会。

越来越多的劳动者进入零工市场，引起了学界的关注。学者们提出，数字零工经济的飞速发展在给传统劳动力市场和雇佣双方带来机会的同时，也带来了挑战（Bughin and Mischke，2016；Fox et al.，2018；Burtch et al.，2017；Stefanot，2016）。

一方面，零工经济增加了个体的就业机会，为传统劳动力市场中的失业群体提供了临时过渡（Kässi and Lehdonvirta，2018），在一定程度上减少了低质量创业（Burtch et al.，2018），提高了工作灵活度（Donovan et al.，2016），也提高了劳动者和目标工作的匹配效率（De Stefano，2015）。在我国，零工经济同样渗透到了国家、社会生活的各个方面，成为国民经济的重要组成部分，并给劳动者和企业都带来了机遇。对劳动者来说，大部分零工平台就业门槛相对较低，参与方式简单灵活，个体可以轻易参与到零工经济中，找到适合自己的工作并顺利完成；对企业来说，零工经济降低了用工成本、创造了用工便利和劳动力供需的优质匹配（丁晓东，2018）。

另一方面，零工经济也带来了劳动关系认定模糊、保障和福利缺乏、收入和就业不稳定、心理和身体健康等问题（Friedman，2014；Schneider and Harknett，2019；Dokko et al.，2015）。有学者（丁晓东，2018）提出，零工经济带来的大部分挑战的根源主要是对劳动关系的认定尚不明确引发的一系列问题，包括劳动者的收入、社会保障、政府税收、企业管理运营等。

任何新事物的产生必然伴随着利和弊，零工就业（工作）形态也一样，有利有弊，但它是未来工作市场发展中不可避免的一大趋势。本书旨在打开一扇窗，为读者展现一幅数字时代零工经济的大致图景，使大家能够近距离了解零工经济和一系列与之相关的包括学术、实践在内的问题。具体而言，本书围绕零工经济主要阐述了四部分内容：理论探索、行业实践、研究现状以及规制演进。需要说明的是，本书内容定位在较浅层的现象描述、文献综述、政策概览等，旨在从现象到理论层面勾勒出一个零工经济的清晰轮廓，并非针对某个问题的深入学术探讨，读者可以带着相对放松的心情阅读本书。

近年来，我们一直关注并研究零工经济。本书从2018年开始准备，直到2025年才正式出版。在这几年的时间里，零工经济飞速发展，我们的认知也不断迭代。因此，本书在写作过程中历经无数次内容修改与更新。虽然我们已经尽力去完善，但成书难免存在个体认知上的局限，也会有没有覆盖到的问题，希望读者指正批评。

著　者

2025年4月

目录

第一篇

零工经济的理论探索

对于零工经济，人们可能觉得陌生，但是对于"打零工"应该都很熟悉。20世纪90年代初，"打零工"在短距离的社区范围内就已经流行开来，特别是在发达国家。下班后帮邻居遛狗、周末帮亲戚带孩子、在社区送报纸和牛奶等都可被称作"打零工"。"打零工"赚来的钱通常被人们作为主要工作以外的一种收入补充来源。然而，人们也许会产生疑问：零工经济是"打零工"的一种新叫法，还是与"打零工"截然不同的概念？二者之间是否存在千丝万缕的关联？

随着数字时代的到来，提及"零工经济"，人们通常会联想到几个相近的概念：数字经济、新经济、共享经济、平台经济。这些概念的含义是什么？它们与零工经济又有怎样的区别和联系？明晰这些概念的含义有助于我们更清楚地了解零工经济的内涵和外延。为了更好地回答"何为零工经济"这一核心问题，我们先对以上几个相近的概念进行综述和界定，之后再进入对"零工经济"概念的探索。

本篇在厘清"数字经济""新经济""平台经济""共享经济"几个概念的基础上，对零工经济的产生、含义和本质等展开深入探讨。我们希望读者在阅读本篇内容后，对不同的经济模式有一个初步的认知，然后回到我们的主题——零工经济，理解它的起源、含义、性质和特征等，明晰零工经济与其他经济模式的区别和联系。

第1章

数字经济 (The digital economy)

在劳动经济学的经典框架内，工业经济时代的"劳动力"概念往往被界定为具备同质特性的个体集合。然而，随着数字技术的蓬勃发展，一种崭新的经济范式（paradigm）——数字经济——应运而生，并显著地将消费者置于创新活动的核心驱动力位置。在这一转型过程中，产品、生产及消费模式的革新均紧密围绕消费者多元化、个性化的需求展开（阿里研究院，2017）。与工业经济时代形成鲜明对比的是，在数字经济时代，产品及服务日益摆脱同质化桎梏，展现出独特性与差异性；同时，劳动者亦被赋予了更加丰富的内涵，他们不仅是经济活动的参与者，更是拥有独特心理、社会及民主需求的差异化个体。

数字技术以其独特的魅力展现了前所未有的力量，其中大数据的应用尤为引人注目。它赋予了外界超越个体自我认知的能力，使得"他者"可能比个体自身更加精准地洞察其需求与偏好。以亚马逊购物体验为例，消费者常常会感受到一种微妙的"定制化"服务：每次登录该平台，系统推荐的书目仿佛能洞察其心思，精准呈现其兴趣所在或潜在购买意向。这仅仅是数据魔力的冰山一角，其深层次影响远不止于此。

数字经济之根源可追溯至20世纪90年代在美国萌芽的新经济浪潮，但其后续演进轨迹远远超出了最初界定的范畴。相较于传统经济模式，数字经济展现出更为广泛的辐射力以及多样化的表现形式，涵盖了平台经济、共享经济、零工经济等多元化经济形态，共同构成了当代经济生态中最为活跃且最富有创造力的部分。

1.1 经济范式的转换

本节将以滴滴全球有限公司（以下简称滴滴，也称滴滴出行）为例，深入剖析数字经济的深远影响。滴滴成立于2012年，仅经过数年，其扩张速度便远超以往任何一家实体经济企业的纪录。据统计，截至2023年，滴滴平台的活跃司机数量已突破1 900万名大关，这意味着该平台汇聚了近2 000万名劳动力，且该数字仍在持续攀升之中。在过往的商业历史中，没有一家企业能在如此短的时间内汇聚如此庞大的"员工"群体。这一现象无疑昭示着经济格局的深刻变迁与重构。

我们今天所处的时代常被称为"最坏的时代"与"最好的时代"。其"好"，在于范式转换的洪流孕育了前所未有的创新机遇与空间；其"坏"，则在于伴随而来的创新风险与挑战，以及既有格局中的阻力与抵触。

以"美（美团）滴（滴滴）之战"为引子，我们进行了以下深入思考：其一，滴滴何以在短短数年间实现如此惊人的扩张规模，频繁获得数亿乃至十数亿美金的融资支持？其业务范围更是从2012年初创时的单一出租车服务，迅速拓展至包括快车、专车、顺风车、货运乃至共享单车在内的多元化出行服务领域，这一转型背后的驱动力与实现路径究竟如何？纵观中国过去40余年的发展历程，鲜有生产制造型企业能在如此短的时间内实现跨行业的飞跃式发展，而滴滴与美团等互联网企业却展现出了这样的非凡能力，其背后的原因值得我们深入探讨。

在此，我们可以借用"荷花效应"这一生动概念来描绘数字经济的蓬勃发展。"荷花效应"是指荷花的数量遵循每日翻倍的指数增长模式，即若一池塘荷花需要30日方能满池盛放，那么其覆盖面积达到一半之日，恰为第29天。由此观之，在第29天，人们尚觉荷花未满半池，次日便已铺满整个池塘。数字经济的发展恰似荷花盛放，展现出惊人的指数级增长速度，彻底颠覆了传统线性发展的固有模式。

在当前的经济生态中，这一现象尤为显著。尽管当前劳动力市场与数字经济的融合尚处于初级阶段，但其全面数字化的未来趋势已隐约可见。因此，我们必须保持前瞻性思维，积极应对即将到来的变革，以免错失良机。

中国人民大学劳动人事学院作为该领域的先驱之一，自2014年便敏锐地洞察到数字经济对劳动力市场可能产生的深远影响，并率先展开了一系列研究。其研究范围广泛，覆盖了Uber、滴滴、美团、阿里巴巴、58同城、中华英才网以及智联招聘等众多企业。通过深入对比分析，学者们发现，智联招聘与58同城等企业，其发展历程更多地体现了人才市场的初步电子化转型，与滴滴所代表的大数据平台驱动下的数字经济模式存在显著差异。

以滴滴为具体案例，我们将详尽剖析数字经济从萌芽至蓬勃发展的全貌，旨在更透彻地把握这一时代转型的核心要义与未来趋势。QuestMobile（北京贵士信息科技有限公司）的数据显示，截至2023年12月，滴滴在国内的总用户已高达4.75亿人次。这有力证明了在数字经济时代，无论是产品规模还是服务范围，都是决定市场竞争胜负的关键因素。尤为显著的是，流量的价值被赋予了前所未有的重要性。滴滴凭借其庞大的用户基数，不仅提供了广泛的出行服务，更积累了海量的客户信息，成为数字经济领域一个生动而具体的例证。

进一步而言，滴滴仅仅是"数字经济"这一宏大概念在具体实践中的一次精彩演绎。那么，我们不禁要问：是否可以将此类具象化的实例提炼为更具普遍性的抽象理论？同时，这一抽象的"数字经济"概念又涵盖了哪些如同滴滴一般的具体形态与实体？这些问题亟待我们持续、深入地探索与解答。

我们转向数字经济范式的探讨，首要任务是明确经济范式的本质。经济范式，尤其是技术经济范式，通常指的是一种技术革新及其广泛渗透的过程，这一过程最终将引发整个经济活动模式的根本性转变，使之与过往模式形成鲜明对比，乃至呈现出天壤之别。在我们日常的学习、生活与工作中，这种转变的印记随处可见。例如，手机、电脑、平板等电子设备的普及，已使我们的学习工具实现了全面数字化；即便久未踏入实体图书馆，我们依然能够借助其数据库便捷地获取所需要的知识资源。这一切均表明，社会整体正逐步且深刻地融入数字经济范式之中，其影响深远且广泛。

年轻一代，尤其是被称为"95后"的群体，几乎全程见证并参与了中国互联网的兴起与发展，因此他们被普遍视为"数字原住民"。这一代人在认知方式、行为习惯乃至价值观念上，均展现出与前辈截然不同的特征。由此，社会上普遍存在一种误解，就是认为当前的经济活动范式或经济活动的基本形态已发生了根本性变化，与过往大相径庭。

针对"范式"这一概念，托马斯·库恩（2012）在其经典著作《科学革命的结构》中给出了明确的定义：范式是指那些在一定时期内被广泛认可的科学成就，它们不仅为实践共同体提供了典型的问题框架与解答路径，还具备两个核心特征：首先，范式拥有一批坚定的支持者（即实践共同体），他们深信其有效性，并因此与科学领域内其他竞争性理论或实践模式保持距离；其次，这些科学成就具有持续的影响力，能够不断激发新一代实践者的探索热情，为他们留下众多待解之谜与创新空间。

在此基础上，技术创新经济学家多西进一步引入了"技术范式"（technology paradigm）概念（邓龙安、徐玖平，2009）。技术范式是指为解决特定技术经济问题而形成的一套系统性方法或模式，这些方法或模式深深植根于自然科学的原理之中，为技术创新活动提供了明确的方向与指导。技术范式的确立与应用不仅能够推动技术本身的进步与发展，还能够促进经济结构的优化与升级。

简而言之，数字经济是以数字技术为核心驱动力构建的经济范式，其核心数字技术范畴广泛，涵盖云计算、大数据、移动通信、社交网络、人工智能、物联网、机器人技术、虚拟现实、GPS定位系统及区块链技术等。这些数字技术已深深融入人们的日常生活与工作中，如人们购物时广泛使用的微信支付与支付宝支付就是例证。然而，要深入探究"这些技术如何塑造了当前的数字经济范式"，则必先追溯"数字经济范式是如何演变而来"的历史脉络。回顾历史，经济形态与经济范式的变迁大致经历了四个阶段：最初为原始经济范式，以采集、狩猎为主要生产方式。随后，人类社会迈入了农业经济时代，此时，农业生产技术与自然资源的开发利用成为关键，标志着生产力的初步飞跃。最为显著的经济形态变迁发生在从农业经济向工业经济的转变过程中，这一变革不仅带来了生产方式的根本性变化，还确立了包括科技创新体系、标准化生产流程、批发零售体系以及物质资源高效利用等在内的全新发展范式（阿里研究院，2017）。

对于"数字经济"这一概念及其内涵的理解，学术界、政府及非政府组织均有独特的视角与阐释，它们从技术创新、经济增长模式、社会结构变迁等多个维度出发，对数字经济进行了全面而深入的探讨。

1.2 数字经济的含义和性质

作为一个新兴概念，迄今为止，仅有少数国家和组织对"数字经济"有明确定义，且大部分为对现象层面的描述性陈述，但基本上都肯定了互联网等数字化工具在其中的重要作用。有些政府和非政府组织（Technology Strategy Board，2017；国务院，2017；European Commission，2016；OECD，2017）在肯定数字经济对政治、经济和社会的推动作用的同时，也指出了数字经济带来的相关问题和挑战，并认为数字经济是一种在全球范围内时刻发生的、基于互联网的全新商业运营模式和经济行为（U.S.Department of Commerce，2017）。从商务模式角度出发，数字经济包含了数字科技的广泛应用、新的商务（模式）的孕育及其模型在商品制造与服务提供过程中的实践、全球范围内的公司（在数字经济模式下）利用相同方式搜索并和其他商务领域建立联系、在两个不同地点的制造商之间实现无缝式信息共享等（U.S.Department of Commerce，2017），让世界上更多的人和企业能够经营业务、生产商品、提供服务。从数字化信息发展和经济行为角度出发，数字经济可被视为"以使用数字化的知识和信息作为关键生产要素、以现代信息网络作为重要载体、以信息通信技术的有效使用作为效率提升和经济结构优化的重要推动力的一系列经济活动"（二十国集团，2016）。

以上均为政府或国际性机构对数字经济的理解，大多基于其自身发展情况和特点，难免存在局限性。那么，什么才是数字经济？在学术层面又该如何定义这个概念？

"数字经济"一词最早于 1994 年收录在牛津英语词典中，同年 3 月 *The San Diego Union-Tribune*（报纸）中也出现了"Digital economy"一词（李长江，2017）。有人认为数字经济也可被称作新经济、网络经济（Hamid and Khlid，2009）或信息经济（Vatamanescu et al.，2017），但实际上数字经济涵盖了以上所有经济模式。网络、信息交流技术、数字科技、移动科技以及云计算和大数据技术对于数字经济有巨大的推动作用（Carmen and Razvan，2008；Vatamanescu et al.，2017；Aryanto and Chrismastui，2011；Van Ark，2016）。已有文献对数字经济含义的理解各有不同，有认为数字经济是一种新兴经济和交易模式的，有认为数字经济是一类新兴产业部门的，也有强调数字经济是一种新的消费模式的，还有人提出数字经济是一套全新的政治、经济系统。

具体而言，第一类说法认为，数字经济是建立在工业和信息商务活动基础之上的，涵盖了信息技术工业本身、电子商务、数字化的商品和服务交付以及由信息技术支持的实际商品和服务销售，利用互联网和内联网的新创经济模式（Hamid and Khlid，2009；Carmen and Razvan，2008；

Vatamanescu et al.，2017）和一系列的社会经济交易（Landini，2016）。在一定程度上，数字经济可以视为信息和信息交流技术的数字化。

第二类说法认为，数字经济是一个新的产业部门，这个部门包含了商品和服务的创建、生产、销售和提供（Aryanto and Chrismastui，2011）。具体来说，就是制造业和服务业的"数字化"（Kim，2003）。

第三类说法认为，数字经济也包含新的消费模式，是一股快速出现的科技力量，伴随着新形式的中介、服务提供方式以及消费模式，其中包含了促进点对点交易的新平台（诸如 Airbnb 和 Uber）和新的实践活动，如聚集的资源获取方式、普遍的免费媒体服务等，这些都有广告和大数据作为资金提供方或者基础。

第四类说法将数字经济描述为一个社会政治和经济系统（Aryanto and Chrismastui，2011），这个系统把获取的信息作为可利用的各种工具，具有信息加工能力和极高的交流能力。在早期，数字经济由以下各部分组成：信息科技工业、公司和个人之间的电子商贸往来、商品和服务的数字化分配、支持通过互联网来进行销售（特别是商品和服务的销售）。腾讯研究院（2017）认为，数字经济是一种全新的社会经济发展形态，是移动互联网、云计算以及大数据等新兴的通用数字化技术融入社会经济各个方面后产生的结果，是领导世界经济增长的重要力量之一，是在农业、工业经济之后一种全新的社会经济发展形态。

我们认为，数字经济是产生于 20 世纪初平台化的基于数字技术的经济范式，其本质和核心是利用数字技术实现资源的优化配置和高效利用。具体而言，数字经济是指基于互联网、信息交流技术、大数据、云计算、人工智能、虚拟现实等新兴数字技术，全新的商务、消费、管理、生产、生活、社交等模式的总和。在数字经济中，一系列基于数字技术的点对点经济活动大大降低了运作成本和物质资源的消耗，提高了资源的运作效率，改变了人们的生产、生活、消费习惯，鼓励和推动了创新，带来了更多的就业、发展机会；同时，也存在监管效率不高，以及税务、立法、隐私侵犯等新问题。

数字经济兴起的根源可归结为以下五个核心假设的共同作用：

一是资源稀缺性与理性行为假设。此假设认为，资源的有限性促使人类行为趋向理性化，即在既定的限制条件下，个体与社会倾向于做出能够最大化其目标的最优选择。资源的优化配置与充分利用，不仅是个人利益的体现，也是社会整体福祉的保障。

二是生存权利假设。该假设强调，每个人都有权凭借自身的人力资本（如知识、技能）、时间以及非人力资本（资源、财产等）来追求生存和发展。其中，劳动所有权作为其他所有权的基础，被视为最神圣不可侵犯的权利。正如亚当·斯密所言："一个穷人所有的世袭财产，就是他的体力和技巧。不让他以他认为正当的方式，在不侵害他邻人的条件下，使用他们的体力与技巧，那明显的是侵犯这最神圣的财产。"（斯密，2016）

三是技术和经济条件。技术条件指的是技术创新（包括持续性的与颠覆性的）为数字经济提供了坚实的可行性基础；而经济条件则要求经济上的可行性，即无论短期还是长期，项目的收益必须超过其成本。这涉及个人、市场、组织及政府等多个层面经济条件的满足与协调。

四是政府治理的不确定性。政府在治理过程中可能采取无为、有限或强力等多种方式，且其角色并不总是积极正面的。政府治理过程中可能面临责任风险、能力风险及利益风险，这些因素共同构成了数字经济背景下政府治理的不确定性。

五是企业管理方式的转变。传统上，企业管理强调技术效率，如斯密制下的分工细化和泰勒制对工作时间与行为的严格规范。然而，随着时代的发展，这种管理思维与模式正逐步向人性效率过渡，也更加重视员工的心理需求与个性发展。例如，梅奥的人际需求理论与马斯洛的人性需求层次理论，均强调在满足基本物质需求的基础上，进一步关注员工的情感归属、尊重及自我实现等更高层次的需求。这一转变为数字经济时代企业管理的创新与发展提供了重要思路。

1.3　数字经济范式的特点

概括来说，数字经济具有形态多样化、数字化、整体运行平台化、边界扩大化、治理模式协同化、核心和本质延续化等特征。

"形态多样化"意味着数字经济并非拘泥于某一固定形态的经济范式，而是呈现出新经济、互联网经济（网络经济）、平台经济、零工经济、共享经济（协同经济）、循环经济等多种表现形式，这些共同构成了数字经济的丰富生态。

"数字化"作为数字经济最为核心的特征之一（阿里研究院，2017），强调的是经济活动全面向数字化转型的过程。这一过程不仅依赖互联网技术，还融合了信息交流技术、大数据、云计算、人工智能、虚拟现实等一系列新兴数字技术。在数字经济范式下，数据共享成为构建新型生态与价值网络的关键驱动力，数据、算法与产品的深度融合正日益成为经济运作的主导模式。

"整体运行平台化"是指数字经济体系的核心基石在于平台的构建，网络平台作为新经济生态的基石，为经济发展搭建了前所未有的广阔舞台。这一特征显著区别于传统工业时代的信息垄断格局，在数字经济时代，信息流通高度透明，信息流近乎无障碍穿梭于各经济主体之间，极大地减少了商品与服务供需双方的沟通障碍，降低了成本，从而为更大规模的协作与创新奠定了坚实的基础。

"边界扩大化"揭示了数字经济范式得以确立并持续演进的深层次动因——数字技术的飞速发展。数字技术如同一股强大的驱动力，不断拓宽经济的边界与范畴，其影响力深远且广泛，渗透到了制造业、服务业等多个领域，涵盖零售、能源、社交、交通、教育、出版、媒体、消费、环保、劳动力市场等多个方面。随着数字技术在经济与社会各领域的深度融合与渗透，商业、产业、企业及政府管理活动的边界持续向外拓展，呈现出前所未有的开放性与包容性。阿里研究院的数据显示，2015年，网络零售额已占中国社会零售总额的显著比例（12.9%），彰显了数字经济对零售业的深刻影响。同时，智能制造与智能产品成为多个国家工业发展战略（如中国制造2025、德国工业4.0、美国工业互联网战略）的核心追求，智慧物流、普惠金融等新兴服务业态亦蓬勃兴起。在日常生活中，网约车、平台外卖、共享空间等新兴商业模式日益普及，深刻改变了人们的出行、餐饮及居住方式。此外，大数据、人工智能等数字技术在政府决策、行政管理、信用体系构建以及市政管理等领域的应用日益广泛，进一步提升了治理效能与社会服务的智能化水平（阿里研究院，2017）。

"治理模式协同化"深刻体现了数字技术，尤其是互联网的迅猛发展对社会治理模式的重塑。这一过程显著地从单一主体管理模式转向多边协同互动治理模式，实现了从线下管理到线上线下融合管理的跨越。在此框架下，政府、企业、消费者以及技术第三方等多元利益主体共同参与治理过程，形成了去中心化的协同治理格局，为数字经济时代新规则的制定奠定了坚实的基础（阿里研究院，2017）。尤为关键的是，这种协同治理模式促进了"人人参与、共建共享"的良性循环，提高了社会整体的治理效能与和谐度。

"核心和本质延续化"强调了数字经济作为经济形态演进中的一个重要阶段，其内核与本质是对传统经济形式的一种传承与深化。尽管数字经济展现出多样化的表现形式，但是其核心目标与本质追求依然聚焦于资源的高效利用与优化配置。这一追求与工业时代所奉行的泰勒原则异曲同工，即通过深入研究动作与时间，达成资源利用的最优化。这二者的区别在于在传统工业时代，人们受限于技术条件，主要遵循泰勒原则来实现资源的高效配置；而在数字技术高度发达的今天，我们得以借助先进科技手段，更加精准、高效地实现与泰勒原则相同的目标，即资源的最大化利用与优化配置。

1.4 从数字经济到数字文明

"技术如何塑造了当前的范式?"这一问题触及数字经济的多维度结构,其中"层次"概念从应用广度出发,将数字技术的应用细分为六个方面的递进(也可能并行发展)阶段:数字任务/技能、数字岗位、数字企业、数字行业、数字经济、数字文明。这一划分虽然在逻辑上呈现先后次序,但是在实践中,各层次往往交织并进,构成了一个相对缓慢而持续的演进过程。

第一层数字任务/技能,它聚焦于具体的工作任务与所需技能,这些任务或技能直接依赖于数字技术的运用。在此层次,数字技术作为达成目标的工具与手段,其核心价值在于辅助而非替代。以保安工作为例,要判断其是否涉及数字任务/技能,关键是看其工作实践中是否融入了数字技术元素。即便保安的日常工作仍以传统方式为主,若其职责中包含了使用数字监控设备等任务,他们也掌握了相应的操作技能,那么这部分工作便构成了数字任务/技能的范畴。这一层次体现了数字技术作为辅助工具在特定任务执行中的不可或缺性。

第二层数字岗位,指的是数字技术不仅渗透至个体工作任务的某一环节,而且全面覆盖并主导了该岗位上的所有工作任务。以程序员岗位为例,它具有典型的数字岗位特征,因为该岗位的所有工作内容均围绕数字技术展开,属于纯粹的数字工作范畴。当某一岗位从部分数字任务逐渐变成全部任务均为数字化时,这一岗位便完成了从数字任务/技能向数字岗位的转变。

第三层数字企业,它是指随着数字岗位的不断涌现与普及,部分企业已全面转型为以数字技术为核心竞争力的企业实体。以腾讯为例,自其创立之初便深耕数字业务领域,尽管在企业运营中仍保留了传统行政职能,如人力资源管理等，但是这些职能的执行也融入了数字技术元素，如邮件处理、内部宣讲等数字任务的广泛应用。然而，值得注意的是，即便在数字企业中，也并非所有工作都完全摒弃了传统方式，而是形成了数字技术与传统方式并存的多元化工作模式。

第四层数字行业，其概念清晰明了，指的是随着数字企业的蓬勃发展并达到一定的规模与影响力，催生出了一系列与数字技术紧密相关的行业领域，如电信行业、ICT（information-communication technologies，信息与通信技术）行业等，这些行业共同构成了数字经济的重要组成部分。

第五层数字经济，它标志着当社会中的经济活动普遍受到数字技术的深刻渗透与重塑时，经济活动本身便形成了一种全新的范式。然而，值得注意的是，数字经济的兴起并不意味着工业经济时代或农业经济时代的终结与消失，相反，更为高级的经济形态往往展现出更强的包容性，能够容纳并促进多种经济形态的共存与发展。在此，我们特别引用克莱顿·克里斯坦森（2006）提出的"长尾理论"来阐释：即便是在高度发达的经济体，如美国，也并未完全摒弃原始的农业形态，这种并存并非由技术瓶颈所限，而是经济多元化与包容性的体现。同样地，在中国，尽管北京、上海等一线城市已高度现代化，接近国际大都市，如纽约的水平，但是在云南、贵州等偏远地区，原始农业依然作为当地经济的重要组成部分而存在。因此，数字经济作为当前最先进的经济形态，虽然占据主导地位，但是它并不排斥其他经济形态的存在，而是共同构成了一个多元化的经济生态体系，呈现出一种"长尾"特征。

第六层数字文明，它预示着数字经济的深化与拓展将引领社会步入一个全新的文明阶段，其探讨的范畴远远超越了单纯的经济领域，而是广泛涵盖了法律、伦理、道德、文化等多个维度的议题。在数字经济蓬勃发展的背景下，人工智能的广泛应用成为其最为显著的进展之一，同时也引发了诸如"机器人能否结婚"等深刻触及伦理与社会文明边界的讨论。此类问题正是数字文明层面亟需深入探索与解答的课题。

在此，有必要明确区分两个关键概念："+数字经济"与"数字经济+"。前者指的是在传统领域或事物中融入数字技术，以实现技术升级与改造的目标。例如，企业构建官方网站便是"+数字经济"的一个具体实践，它通过将数字技术应用于传统商业模式，促进了企业的数字化转型。而"数字经济+"则代表着数字技术自身所催生的全新技术形态与产业模式，它并非简单地对传统事物进行数字化处理，而是从根本上创造出了前所未有的经济与社会价值。这一概念将数字经济的层次结构与宏观历史演化过程紧密相连，涵盖了生产要素的变革、核心生产工具的演进、产业特点的重塑、主导产业的更替以及基础设施的升级等多个方面。

阿里研究院在其 2017 年的研究报告中，将数字经济划分为两个鲜明的时代：一是数字经济1.0，这一时代以信息技术（information technology，IT）为核心驱动力；二是数字经济2.0，这一时代则是以数据技术（data technology，DT）为主导。表 1-1 详尽地列出了这两个时代在基础设施、技术群落、投入要素、代表产业、商业模式及组织模式上的具体特征与发展状况。关于数字经济时代的商业模式，阿里研究院提出了 C2B（customer-to-business）的观点，但是我们认为，在实际经济活动中，C2B2C（customer-to-business-to-customer）或 C2C（customer-to-customer）模式可能更贴切地反映了当前的经济运作方式。以滴滴为例，其商业模式更接近 C+B2C 的混合模式，其中司机与平台之间建立了紧密的合作关系，而非传统意义上的雇佣关系。在这种模式下，司机的主要服务对象是乘客，他们通过平台提供的服务直接满足乘客的出行需求，而非单纯地向某一企业提供服务。这种新型的商业模式不仅体现了数字经济背景下消费者与企业之间互动方式的变革，也凸显了平台经济在资源配置与效率提升方面的独特优势。

表1-1   数字经济1.0和数字经济2.0

项目	数字经济 1.0	数字经济 2.0
基础设施	自建数据中心为主	云计算、互联网、智能终端等
技术群落	IT	DT
投入要素	"数据"开始体现价值	"数据"成为核心要素
代表产业	IT 产业以及被 IT 化的各行业	DT 化产业、数据驱动的产业融合
商业模式	大规模定制	C2B
组织模式	传统金字塔体系受到冲击	云端制（大平台+小前端）

15 大代表公司

资料来源：阿里研究院. 数字经济 2.0［R/OL］.（2017-03-15）［2025-03-25］. https：//www.100ec.cn/detail--6388904.html.

1.5　小结

数字经济作为新兴数字技术催生的经济范式，正以惊人的速度席卷全球，促使各国纷纷探寻发展的独特路径与深刻变革。阿里研究院的前瞻性预测指出，未来数字经济将从三大维度深刻重塑全球经济格局。

首先，数字经济将激发并创造前所未有的新需求。在这一时代，消费者的数字化生活促使需求呈现出更加多样化和个性化的特征。借助数据挖掘等先进技术，生产者与服务提供者能够洞察甚至预见那些连消费者自己都尚未明确表达的需求，从而极大地拓宽了市场边界，促使一系列新兴市场如雨后春笋般涌现。相关数据显示（数字经济论坛，2019），在中国，每100元的网络消费中，高达39%可归因于新增消费，这一比例直观地反映了数字经济在激发新需求方面的巨大潜力。

其次，数字经济将推动供给侧的革新与繁荣。数字技术不仅重构了生产关系，更基于消费者日益增长的多样化需求，促进了供给侧的多样化与灵活性。这种变化不仅提升了供给的效率与质量，还赋予其更强的普惠性与包容性，使得更广泛的社会群体能够享受到数字经济发展的红利。

最后，数字经济正加速构建全球化的庞大市场。数字技术的应用极大地促进了全球贸易的普惠性与便捷性，促使各个国家积极投资有助于数字经济发展的基础设施建设。值得一提的是，我国提出了"eWTP"（电子世界贸易平台）概念，作为探索"全球化大市场"新模式的尝试，已被正式纳入G20杭州峰会公报，并赢得了众多国际组织与外国领导人的支持与认可。随后，2017年11月，eWTP倡议下的首个eHub（数字贸易中枢）在马来西亚吉隆坡成功启动（数字经济论坛，2019），标志着这一创新理念从理论迈向实践。

第2章

新经济（The new economy）

20世纪90年代末，"新经济"概念在美国被高频提出，曾一度专指美国经济的快速发展。时至今日，"新经济"已不再是美国的专利，而是指在全球化和信息科技发展的大背景下，新一轮产业科技革命推动的全新经济模式和形态。其中的"科技"不仅包括互联网等传统科技，也包括人工智能、纳米甚至基因重组等技术。

2001年，美国旧金山联邦储备银行（Federal Reserve Bank of San Francisco）在《关于新经济的未来》（*The Future of the New Economy*）经济研究报告中指出，1995—2000年的5年间，美国的生产率平均增长了2.8%，是过去22年的两倍多。很多观察家认为，此次经济的快速增长和日趋重要的信息科技密切相关，此假设被称为"新经济观点"（Jones，2001）。新经济和与之相伴的有利经济条件逐渐成为媒体、华尔街、经济学家、中央银行、政府组织等各界关注的焦点。

2.1　学界对新经济的理解

有学者认为，"新经济"概念产生于20世纪90年代，但是在80年代已被用来形容由服务业而非传统制造业驱动的经济形态（Samuelson and Varian，2001）。"新经济"一词最早出现在1996年12月的美国《商业周刊》中，那篇文章把克林顿政府通过一系列刺激政策，以及在信息技术发展引领下实现的经济持续高速增长、低通货膨胀率和低失业率的一种良性经济运行状态通称为"新经济"（范洁，2017）。这个词起初专指美国的经济现象，后来扩散到了世界范围内。对于"新经济"的定义，学界暂无统一说法。

大多数学者认为，诸如IT、生化科学、体验型经济和电子商务等领域是新经济萌发的温床，它们一方面得益于拥有更快速、更高效、更强大并且不断发展和循环的新兴信息科技；另一方面也得益于后福特主义商品供给的可能性、更加灵活的组织运作和资本，以及更加简单和扁平化的组织结构（Lofgren，2003）。学者们从不同的角度出发，对新经济的理解也不一致。

2.1.1　从经济发展的视角出发

从经济发展的视角出发，学者们认为，新经济有广义和狭义之分。狭义上，新经济是指美国20世纪90年代以来经济的持续增长；广义上，新经济是指在美国兴起但在世界范围内扩散的，由新技术革命引发的经济增长模式、运行规则以及结构变化（刘树成、李实，2000）。

2.1.1.1　狭义的新经济

针对美国20世纪90年代的经济增长，Harms和Knapp（2002）认为，新经济的特点是（美国国内）经济的快速增长、失业率的迅速降低以及中心通胀率的急速下降，且具有较强的扩张性和持续性。在这期间，美国国内生产总值（GDP）增速惊人，持续增长长达117个月之久，是美国历史上的最长纪录，而失业率降到了30年以来的最低点（在4%左右徘徊）；中心通货膨胀率持续保持在2%~3%。1999年，美国的贫困率降到了1979年以来的最低点，仅有11.8%；劳动生产率也从过去20年的1.4%左右增长到2.3%。美国政府将"新经济"界定为具有极为深远影响的经济潮流变革，动力来自科技创新的变革、机构商业模式的变革和公共政策的变革。

除了经济的长期急速增长、低通胀、低贫困率以外，Landefeld和Fraumeni（2001）还提到新经济具有低失业率的特征，并指出发展背后的动因主要是全球化、劳动力及管理实践领域日益激烈的国际竞争、生产成本的降低以及生产效率的提高等。此外，20世纪中期以来的科技创新也是推动新经济发展的一个重要因素（Masi et al.，2001）。新经济发展源于生产率的大幅提高，而生产率的提高又得益于信息交流技术的制造、应用和传播。

2.1.1.2 广义的新经济

广义的新经济并不限于某个区域，而是泛指一段时间内经济的持续迅猛增长、生产力的大幅提高和利润率的快速增长等，同时强调科技在其中起到的决定性作用；具体是指长时间的经济迅速扩张，表现为快速增长的经济、加速提高的生产率和企业利润率、迅速下降的失业率和中心通胀率、更加公平的利润和收益分配、更广泛的商业投资等，是一种得益于全球化、科技创新、机构商业模式和公共政策改变的影响深远的经济潮流（Harms and Knapp，2002；Landefeld and Fraumeni，2001；Masi et al.，2001；Samuelson and Varian，2001；Pohjola，2002）。

Pohjola（2001）提出，两类世界经济发展潮流——经济全球化和信息技术革命——促进了新经济的萌发，特别是20世纪中叶以来半导体制造业的突破性进展、信息基础设施的建设以及网络计算技术的飞速发展，使工业的生产周期从3年缩短到2年（Pohjola，2002）。此外，Samuelson和Varian（2001）认为，新经济是一种由服务业而非传统制造业发展驱动的经济。这种观点在当时引发了人们对服务型经济会造成低增长、高价格和低工资的恐慌。

不同于大部分西方学者，我国学者张秩和冯科（2017）提出一个独特的观点，他们认为现在的新经济指的是以中国为中心的新经济。张秩和冯科指出，新经济最早产生于美国，是第三次产业革命（信息技术革命）推动的以信息科技为主导、以网络为基础、依靠全球化发展的知识型经济，是有别于工农业文明的一种全新的经济模式。此外，他们补充说，产生于美国的新经济浪潮只是"第一轮"，是信息技术革命和信息科技发展的产物；而现在发生的新经济革命是"第二轮"，主要是以中国为中心、以信息交流技术为主要驱动力的新经济。这得益于中国在互联网经济的各个方面的飞速发展，如云计算、大数据、分享经济、电子商务等。他们还将新经济与传统经济相比较的特点总结如下：一是经济高速增长，失业率显著下降，通货膨胀率大幅降低；二是创新和科技发展为经济发展的主要驱动力；三是经济增长的持续时间越来越长，而传统经济存在的经济周期性渐渐被淡化；四是知识型员工成为机构和企业管理培育的重点（张秩、冯科，2017）。此认知主要基于中国视角，但是其对新经济特点的总结比大部分已有文献的综合性更强。

2.1.2　从信息交流技术驱动产生的变化的视角出发

从信息交流技术给商务、组织、产品、工作、生活等模式带来的变化的视角出发，学者们强调新经济带来的社会经济活动的"网络化""聚集化""紧密连接""边界模糊化""组织结构扁平化"，以及经济模式和生活方式的转变。这部分学者一方面肯定了信息技术和科技发展对新经济的巨大促进作用，另一方面也创造性地提出了新经济的"新"不只体现在生产成本、交易成本的改变和新科技在经济领域的运用上，更体现在新经济的产品，即知识密集型产品的性质上。从严格意义上说，新经济与以下三个方面紧密相连：加工和储藏知识的电脑硬件、收发信息的交流系统、负责全面管理的电脑软件（Chichilnisky，1997）。这种经济模式的主要驱动力是互联网技术的发展。因为互联网的存在，人与人之间的信息交流不再受制于时空，提供信息的成本变得很低。于是，不断增大的信息流极大地提高了各种有形、无形资本（诸如人力资本、开发研究资本、知识资本等）的效益，而这些资本效益的提高又反作用于信息流的增大（Lau，2000）。具体而言，新经济是指主要驱动力来自信息技术的发展，在经济活动中广泛利用科学技术，实现信息、知识共享的经济模式（Chichilnisky，1997；Lau，2000；Jones，2001；Reenen，2001；Argandona，2003；范洁，

2017；敦帅，2023），可被视为一场影响经济、商务和人们生活方方面面的信息交流技术的科技革命，范围波及生产和提供信息技术产品、服务的工业领域，以及使用这些产品和服务作为生产资本的工业领域及其他工业领域。新经济最重要的方面并不在于硅芯片，而是在于知识（Argandona，2003）。

"新经济"是对"旧经济"的一种极致的突破（Lofgren，2003），具有移动性、灵活性和全球化（不是区域或国家范围内的，是指金融资本、固定资本和高技术资本可以在国与国之间灵活转移）等特点；强调无形的事物（比如信息、关系、概念、观点等，它们紧密地联系在一起）、数字革命（主要是指信息沟通技术的普遍化，特别是计算机的普遍化）、人力资本（指教育和培训的快速发展）、创造力（指研究开发、专业技术、品牌和其他形式的比固定资产更重要的无形资产）、企业家能力（指新创公司和新员工是发展的主要动力）；也具有聚集化（高科技公司在地理位置分布上的集中化）、不平等化（工资差距不断扩大、收入浮动性不断增强）、公司部门界限划分模糊化（Reenen，2001；凯利，2014）等特征。这些特点（特征）相互作用并催生出全新的社会形态和市场定位（凯利，2014）。

具体而言，大部分学者都关注到了新兴科技在新经济发展过程中起到的巨大作用。Jones（2001）指出，美国20世纪中期以来生产力的迅猛发展和信息技术日益重要的地位密不可分，也就是说，新经济是指发展的主要驱动力来自信息技术发展的经济模式。Argandona（2003）更是将新经济上升到了"科技革命"层面，把新经济描述为一场科技革命。其中，科技的影响范围很广，包括生产和提供信息技术产品与服务的工业领域、使用这些产品和服务作为生产资本的工业领域、其他工业领域。Argandona（2003）认为，新经济中最重要的方面并不在于硅芯片，而是在于知识信息的获取、处理加工、转化和分配。他总结了新经济的特点，包括计算机软件的广泛使用、速度极快的科技进程、在同一个网络中工作的可能性（包括大量利用外部力量）、对整个经济方方面面的影响（如消费、工作选择、公司运营方式、政府政策等）。此观点得到了部分中国学者的支持。范洁（2017）认为，新经济主要是在世界范围内新的信息技术革命和产业革命相互作用融合的背景下，以新产业、新业态和新商业模式为表现形式，并得到新技术、新市场主体的强力支持，以市场自我调控为主导，以创业为表现形式的一种经济形态。

此外，科技在推动新经济发展的同时，新经济也反作用于科技进步。凯利（2014）在《新经济　新规则》（*New Rules for the New Economy*）中肯定了高科技的发展和新经济的发展二者互为动力："高科技影响了人们的思想、交流及表达方式，甚至生活……就在飞速发展的科技革命占据所有新闻头条的时候，一个更庞大的事物正在科技大潮下涌动着。新的经济秩序逐渐显现出来，稳定地推动着技术前进。"凯利（2014）在该书中创建了"新网络社会"概念，并预言"我们将会亲眼见证基于关系和科技建立的经济体的激增，这将会给早期全球（人类）的生活带来方方面面的挑战"。他认为，新经济的影响是"更加深刻和广泛"的，具有全球化（不是区域或国家范围内的）、无形（比如信息、关系、概念、观点等）、相互联结（它们相互作用并催生出全新的社会形态和市场定位）等特点。Lau（2000）把新经济描述为在经济活动中利用科学技术，广泛地使用和共享信息、知识的经济模式，得益于互联网技术的发展。因为互联网的存在，人与人的信息交流不再受制于时间和空间，提供信息的成本变得很低；此外，不断增大的信息流极大地提高了各种有形、无形资本（诸如人力资本、开发研究资本以及知识资本等）的效益，而这些资本效益的提高又反作用于信息流的增大。

在肯定科技在新经济中的重要地位的同时，学者们还强调新经济带来的工作、交易、生活、商务、组织等模式的改变。Reenen（2001）认为，要从新经济的七个特点去描述人才、雇佣模式、沟通模式等的改变，他指出，尽管对新经济的定义很多，但是这些定义有一个共识，即都肯定了信息沟通技术（包括电脑硬件、软件和一些周边产品以及沟通技术与相应的设备设施）的重要性。Reenen（2001）指出，新经济主要有七个特点：第一，数字革命，主要是指信息沟通技术的普遍化，特别是计算机的普遍化；第二，人力资本，主要是指教育和培训的快速发展；第三，创造力，主要是指研究开发、专业技术、品牌和其他形式的比固定资产更重要的无形资产；第四，移动性、灵活性和全球化，主要是指资本（包括金融资本、固定资本和高技术资本）可以在国与国之间灵活地转移；第五，企业家能力，主要是指新创公司和新员工是发展的主要动力；第六，聚集化，主要是指高科技公司在地理位置分布上的集中化（如硅谷）；第七，不平等化，主要是指工资差距不断扩大，收入浮动性不断增强。

也有学者侧重于新、旧的比对，认为"新经济"之所以"新"，是因为它具有灵活性、创造力等"旧经济"不具有的特性。Lofgren（2003）指出，"新经济"是对"旧经济"的一种极端突破，二者之间的两极化体现为新经济的"网络"对旧经济的"层级"、新经济的"企业家精神"对旧经济的"官本位思想"、新经济的"不断变化"对旧经济的"固定不变"，并且新经济强调创造力、情感诉诸、灵活性、梦想和远见等品质。

2.2 政府和非政府组织对新经济的理解

在搜集资料的过程中，我们发现，各国政府、区域和国际性政府或非政府组织对"新经济"大多没有明确的定义，但是从很多官方机构公布的信息、政策中可以找到它们对于"新经济"概念的解读和特征描述。在全球范围内，有关"新经济"的官方发文中，美国占大部分，这可能是由于"新经济"一词起源于美国。此外，由于不同国家、地区、区域性组织对"新经济"的叫法各不相同，因此，我们搜集到的相关文献和资料也很有限。

政府和非政府组织肯定了新经济带来的经济快速发展、生产率和利润率持续提高，同时也强调了科技发展在该经济模式下扮演的重要角色。与学界的观点类似，它们总结了"新经济"的含义，包括两个层面：一是美国正处在历史上持续时间最长的经济扩张和转变中，这个转变就如工业革命一样意义深远；二是信息技术革命正在改变人们的工作、学习和生活交往方式等（Levitt，2000）。新经济的表现形式包括超乎想象的快速且持续增长的GDP、高生产率、高收益率、高投资率、低通胀率、高就业率等，这些现象产生的原因包括全球化、日益激烈的国际劳动力市场竞争，以及过去几十年的科技进步（Levitt，2000；OECD，2000；Scoones，2003；商务部电子商务和信息化司，2017）。在新经济中，科技进步一方面使人们利用电脑、手机和互联网进行交易，大大降低了交易价格、提高了效率；另一方面带来了市场创新、新的支付手段、商品和服务质量的提高（Landefeld and Fraumeni，2001；Antitrust Modernization Commission，2007）。

2.3　小结

发展和扩张速度极快的新经济，从20世纪90年代的"美国专属"变为如今"世界的"新经济。学界、政府和非政府组织对"新经济"概念的界定暂未形成统一认知，我们认为，"新经济"概念本身强调的是一种相对于"旧"而言，无论是从经济模式具体的实现方式和结果、带来的影响，还是这种影响所涉及的领域、参与的主体等多方面的广泛意义上的"新"。

我们综合并提炼了各界观点，认为"新经济"是20世纪90年代末最早在美国产生但是受到信息交流等新兴科技发展和全球化进程等因素的影响，现已扩散到全球范围的，一种在一段较长时间内经济持续快速发展、鼓励创新的良性运行状态，以GDP的强势增长、生产率和利润率的显著提高、通货膨胀率和失业率的大幅降低为主要特征。我们认为，新经济在带来理念改变的同时，也重塑了劳动力分类，促进了资源和资本的优化配置。新经济摒弃了"旧经济"强调"层级""官本位""固定不变"的理念，取而代之的是"网络化""企业家精神"以及"不断变化"的观点；它着眼于生产、消费、旅游、零售、娱乐、媒体等行业在同一个伞形结构下的整合和各类资源在世界范围内的流动、配置。

新经济的两大驱动力是经济全球化和科学技术的发展。除了受到经济全球化进程的推动外，新经济的发展不仅得益于信息交流技术的产生、发展和普及应用，生化、电子商务、体验型经济等也是新经济萌发的温床。有趣的是，科技创新和新经济发展之间互为动力，在新经济与科技创新之间形成了一个"互促"的良性循环，在这种循环的不断作用下，二者都能实现可持续发展。

第3章

平台经济（The platform economy）

21世纪以来，平台经济兴起，并迅速得到各方资本的追捧，它们对平台公司的投融资不断，上市的平台公司不断增加，占据了大量市场份额。中国信息通信研究院发布的《2024年二季度我国互联网上市企业运行情况》显示，2024年二季度末，我国有9家企业上榜全球互联网平台企业市值30强，市值高达1.1万亿美元，市值占比13.07%。

3.1 平台经济的行业描述

平台经济的表现形式和类别多种多样，按服务内容、终端形式、开放程度等不同标准可以对其进行细分。其中，按服务内容和功能可以分为：社交类、生活服务类、电子商务类、信息搜索类、媒体类、支付交易类、借贷类平台等。然而，更多的时候，各类平台在内容上重合的概率很高，例如，现在很多生活服务类平台同时兼具社交功能，很多支付交易类平台也能提供生活服务。

3.1.1 生活服务类平台

Airbnb（爱彼迎）作为一个提供房屋短期租赁的生活服务类平台，仅用了4年时间就成功地成为了同几大全球酒店连锁集团——洲际酒店集团（Intercontinental Hotel Group）、希尔顿酒店（Hilton Worldwide Holdings Inc.）、高雅酒店集团（Accor Hotels Group）——在全球范围内竞争市场份额的平台公司。在这个平台上，房屋所有者能够将自己不住的房源短租给需求方，在实现房屋供需匹配的同时，也促进了人们基于该平台的相互协作，让在任何地方居住的人都可以通过该平台提供或享受服务（蔡斯，2015）。在 Airbnb 官网，人们不仅可以看到来自全球各地的房源信息，也可以看到一些房主和游客的短文分享（包含游记、探店心得、有趣故事等丰富内容），充分体现了该平台衍生出来的社交功能。

JustPark 是最早的提供全球在线预订停车位服务的平台企业之一（斯特凡尼，2016），给人们的出行带来了极大的便利。其创始人亚力克斯·斯特凡尼于 2016 年在《共享经济商业模式》（*The Business of Sharing-Making it in the New Sharing Economy*）一书中指出，平台经济最可贵的价值之一就在于可以让社会群体通过互联网使用未被充分利用的资本，从而减少人们获取这类资本所有权的需求。

3.1.2　借贷类平台

Zopa 是一个点对点（P2P）网贷平台，消费者（资金需求方）可以通过 Zopa 平台贷款买车、融资、举办活动和婚礼，甚至能用该平台贷款来支付自己的信用卡账单，所有借贷行为均没有提前还款的罚金规定。与大型银行的融资不同，人们可以通过这个平台，根据自身的需求进行少量融资，满足自己的个性化需求。"Zopa"这个词的含义和借贷双方的交易有关，即"可以达成协议的空间"，是"Zone of possible agreement"的缩写。例如，贷款方希望贷款利率高于 4%，而借款方愿意出 5% 的利息，那么 4% 和 5% 之间就有一个"空间"，也就是"可以达成协议的空间"。在交易过程中，该平台为了降低出资方的风险，会将风险分散给不同的借款人。该平台向贷款者收取 1% 的费用作为收益，同样也会向资金出借方收取一定的服务费。和很多英国大银行相比，Zopa 的拖欠债务率相对较低，因为该平台的资金出借方和资金需求方都是有责任心的，彼此之间建立起了互信（斯特凡尼，2016）。

类似的网贷平台还有 Prosper、LendingClub 等，也都以平台模式满足了消费者各自分散的资金需求。

3.1.3 交易类平台

成立于 1995 年 9 月的 eBay 起初是给那些想要拍卖车库私物、想开独立书店和那些有实体二手商店但想同时开网店的人们提供基于互联网的在线交易平台，现今，eBay 每年的销售额超过 700 亿美元，相当于 100 多个国家的国内生产总值。但其如此之大的规模，却不及中国的淘宝。2022 年的数据显示，淘宝年均交易额高达 1 200 多亿美元，比芬兰、爱尔兰和葡萄牙三个国家加起来的国内生产总值还多。

除了 eBay 和淘宝，Craigslist 也是一个通用的点对点网络交易平台。在该平台，消费者可以购买任何商品，不分新旧，电子产品、家具、汽车、宠物等一应俱全。通过该平台，消费者也可以购买自己所需要的服务，包括有司机的货车运输服务、家政清洁服务、电子产品维修服务，甚至是乐器调音服务。该平台既能提供服务又能销售产品，所以也属于生活服务类平台。

3.1.4 支付类平台

说起来，成立于 1998 年 12 月的 PayPal 应该算是支付类平台的鼻祖。据 PayPal 官网介绍，其总部在美国加州，秉承"普惠金融服务大众"的企业理念，基于数字技术的使用，旨在为消费者和客户的资金管理、流动创造更加便捷的方式，为客户的转账、付款或收款提供更加灵活的选择。大量电子商务平台把 PayPal 作为其支付工具，eBay 就是 PayPal 最大的合作方之一。

作为淘宝的支付工具，支付宝于 2004 年 12 月成立，现在已经成为全球领先的第三方支付平台，旨在为消费者和客户提供操作简便、安全的金融支付解决方案。2019 年，支付宝对外宣布，它已经拥有约 10 亿国内黏性活跃用户，全球用户更是高达 12 亿；与其合作的金融机构超过 2 000

家，接入的小微商户近千万家；境外支付宝覆盖的区域和国家多达100多个，签约的境外商户超过100万家。在国内，能与支付宝匹敌的支付工具还有"微信支付"。除了支付功能外，微信应用程序（App）还别具特色地推出了具有社交功能的"朋友圈"，此举也大大提高了"微信支付"的用户黏性。

3.1.5　信息搜索类平台

搜索引擎巨头Google越来越成为全球上亿用户生活中不可缺少的一部分，甚至有人称其为"看世界的眼睛"，这一切得益于Google在最短的时间内查找、分类和传递海量信息的强大功能。Google每年要处理上千亿个问题，约占全球搜索平台问题总量的80%（Ellen and McG，2017）。

大家常说"有事问度娘"，其中的"度娘"指的是百度。作为全球最大的中文搜索引擎，百度旨在向用户提供"简单、可依赖"的信息获取渠道。该平台十分注重在概念、技术和界面等领域的创新，于2009年推出了"框架计算技术"概念，并基于此概念推出了百度开放平台；2012年，该平台又向开发者开放了它的技术创新资源（云储存、大数据、云计算等核心数字化科技），给开发者提供了强有力的运营和技术支持，以保障有效推广变现。

3.1.6　社交类平台

社交类平台的种类很多，近年来，社交类平台除了原有的社交功能以外，也开始慢慢扮演起提供信息的媒体角色。

根据Meta（元宇宙）公布的《2023年第一季度投资者收益报告》，从2023年4月的社交网站活跃用户数量排名来看，Facebook月用户量高达29.89亿人。皮尤中心的报告显示，除了社交功能以外，约有44%的美国成人从Facebook上获取自己所需的新闻和信息。此外，还有Instagram、LinkedIn等也都是有可观数量黏性和活跃用户的社交类或兼具功能性

（LinkedIn具有求职功能）的社交类平台。

在对平台经济建立了现象和行业层面的初步认知后，我们接下来进入将具象抽象化、理论化的问题。然而，迄今为止，各界对平台经济始终没有统一的理解和定义，下面我们将对国内外学界、政府与非政府组织对平台经济的含义和概念的理解进行梳理，以期在此基础上提出我们对平台经济的界定。

3.2 学界对平台经济的理解

很多学者经常将平台经济等同于共享经济（sharing economy）、创新经济（creative economy）、协同工作（collaborative work）、即期劳动市场（on-demand labor market）、零工就业（gig employment）等（Fabo，2017；Kenney and John，2016）。中国学者徐晋（2016）指出，平台经济的含义可以从六个维度来解释：一是业务维度，平台经济是具象的市场空间，是一种商务模式；二是组织维度，主要刻画单个、多个平台和平台联盟等不同平台组织形态的基本属性；三是竞争维度，探讨平台经济本质在市场竞争中的动态表现形式和博弈规律；四是演化维度，平台经济的本质是平台组织及建构在其上的平台产业不断演进和变化的过程；五是模式维度，探讨平台经济带来的创新商务模式；六是治理维度，关注平台经济如何参与协同治理。

我们分别从平台经济的运行模式和宏观治理维度出发，对已有文献进行梳理和总结。

3.2.1 运行模式维度

关于平台经济的运行模式，绝大多数学者和研究机构强调平台经济具有协同性，视其为"网络协作式生态系统"。系统中包含一系列特有的标准、规则和组件，利用数字科技和互联网等新兴技术，实现多样化的独立参与者的有效链接，旨在提高资源使用效率、降低生产交易成本（Evans and Schmalensee，2016；Elsenmann et al.，2011；Blondel and Edouard，2015；Kenney and John，2016；Van Alstyne，2016；Farrell and Greig，2016；Accenture，2017；Fabo，2017）。大部分学者提出网络平台是基础和媒介，平台经济的运行主要依托网络平台（Elsenmann et al.，2011；Fabo，2017）。从科技层面来说，平台实质上是多样化科学技术孕育的温床。例如，3M公司就有40个平台，日本的LSI系统被视为下一代电子产品平台）（Imai，2000）。平台调节的市场（platform-mediated market）是一种用户（一系列的）交流互动，是一个或者更多中间人（媒介）提供的共同平台协作经济模式。该经济模式创建了一个开放的市场，商品和服务均由个人（私人）提供（Fabo，2017），平台协调供需平衡，利用网络和数字技术降低成本。平台经济具有巨大且快速增长的全球经济共享潜能，以及大量被平台参与者在交流互动过程中所使用（去创造价值）的组成部分以及规则（Fabo，2017）。这些组成部分可以是标准化且相互补充的各种要素和服务的组合，包含实际的要素、规则以及标准，以确保买卖双方达成一致协作（Blondel and Edouard，2015）。从严格意义上说，这是由一个企业创建起来的，目的是从由顾客和销售之间建立起来的交易流中获取收益。这项技术包含科技化、程序化以及组织化的要素，它们给平台经济带来了比较优势。所以，一个平台就构成了一系列从属于不同工业领域的价值链（Blondel and Edouard，2015）。

此外，也有学者提出，平台经济的运行过程不仅包含经济因素，也涉及社会和相关的政治、政策因素。这些学者认为，平台经济亦可称为"数字平台经济"（digital platform economy），因为平台经济包含不断增长的以数据作为推动力的商业、政治和社会互动行为，（平台经济）从根本上改变了我们的工作、社交方式，创造了新的经济价值（Kenney and John，2016）。还有部分学者和咨询机构认为，平台经济的众多公司是一个网络协作式的生态系统，连接了多种多样的参与者。平台给这些参与者提供生产和交流的工具，并且提供管理和监控（参与进来的）规则（Van Alstyne，2016；Accenture，2017；Evans and Schmalensee，2016；Fabo，2017），使拥有平台的公司可以利用它们本身并不拥有的资源，在提高资源使用效率的同时，用高效、可衡量的方式连接了（之前）毫无关联的分散在各产业领域的参与者。平台上的独立工作者或者卖家能够出售实际的服务和商品给客户（Farrell and Greig，2016），用众多精品的汇集来取代高昂的门槛费，任何个人都能生产，并且由市场本身来决定产品内容（Van Alstyne，2016；Accenture，2017；Evans and Schmalensee，2016；Fabo，2017）。数字平台的提供者创造了一个拥有多种多样、多重玩家（参与者）的生态系统，该系统为这些玩家的顶尖核心商务模式开启了新的成长路径（Accenture，2017）。中国学者安宇宏（2004）也认为，平台经济的运行依靠信息技术，通过整合资源和规模化的发展来降低交易成本、提高效率，具有"新技术、新业态、新模式"的特征。平台经济以虚拟或者现实空间为基础，以平台企业为主导，通过整合各种力量，和关联方一起构建了一个新的经济生态系统。在该系统中，双边或者多边用户通过平台的应用彼此互利。也有学者（叶秀敏，2016）认为，平台经济是一个以互联网技术为基础的虚拟空间，平台涉及三个关键词：虚拟空间、多方主体、共赢。这个空间能够同时满足来自多方主体的需求，这些主体在其中进行分工合作、资源互补，进而实现资本增值和各自利益最大化。基于此，该学者（叶秀敏，2016）将平台经济定义为"以互联网等现代信息技术为基础，以平台为落脚点，向多边主体提供差异化服务，从而整合多边主体的关系，实现价值创造，并且最大化多边主体的利益的一种新兴经济"。

3.2.2 宏观治理维度

从组织治理层面理解平台经济，可以把它视为一种现象，不但需要从经济学的角度，也要从管理学、社会学和法学等多角度、多学科出发来进行探讨（罗仲伟，2016）。数字平台作为一种机制，在创造创新环境以及决定方向、模式和方法等方面极大地拓展了最基本的创新型管理理论的概念边界，建立了创新的基础设施（Galimulina et al.，2016）。同时，数字平台也是一个拥有核心产品设计能力的资产集合体，可以生产出一系列产品（Imai，2000）。在平台经济大潮下，信息优势消融，组织的雇佣关系也随之发生变化，公司治理结构和信息优势有直接关系。在各个机构中，各方利益主体在合约层面有趋于平等的势头，合约中的权利和义务也越来越平等，为合伙、共享创造了有利的条件。新兴的数字化科技手段使组织呈现多样化，机构、组织打破了工业时代股份公司"一支独大"的教条主义，促进了个人化、小微化、柔性化的回归，实现了社会化小生产（而不是过去的社会化大批量流水线生产）（罗仲伟，2016）。同样的公司会力争技术标准的掌控权并且在一起生产产品，进而强调"技术领导权的分权"（Bresnahan and Greenstein，1999）。

3.3　政府和非政府组织对平台经济的理解

各国政府和非政府组织对平台经济的含义有不同理解，我们将按范围由小到大，分别梳理国家、区域和全球层面的政府、非政府组织对平台经济的理解和描述。

3.3.1　国家层面

美国政府认为，平台经济在一定程度上类似或者等同于共享经济。在美国政府官网检索"platform economy"一词，出现的大部分是共享经济（sharing economy）的相关资料与信息。

美国联邦贸易委员会（Federal Trade Commission，2016）在《关于共

享经济面临的平台、参与者和监管者的问题》（The "Sharing" Economy: Issues Facing Platforms, Participants, and Regulators）的研讨工作报告中提到："现阶段出现并快速发展的互联网点对点平台（经济模式），我们称之为共享经济……今天，越来越多的公司开始使用科学技术去改变传统的商务交往模式。（这些公司）放弃了过去直接将商品和服务传递给消费者的方式，开始转变为公共的中介（机构）。这些转变带来了'点对点'的交易模式。例如，车辆和房屋租赁平台吸引了大量的社会关注，某些领域的消费者现在能够运用平台去找到任何他们想要的一切——从量身定制的衣服到机器设备的租用。"

中国政府没有明确定义平台经济的正式文件，但是2021年2月《国务院反垄断委员会关于平台经济领域的反垄断指南》（国反垄发〔2021〕1号）对"平台经济"相关概念进行了界定，包括平台、平台经营者、平台内经营者和平台经济领域经营者。平台（互联网平台），是指通过网络信息技术，使相互依赖的双边或者多边主体在特定载体提供的规则下互动，共同创造价值的商业组织形态；平台经营者，是指向自然人、法人及其他市场主体提供经营场所、交易撮合、信息交流等互联网平台服务的经营者；平台内经营者，是指在互联网平台内提供商品或者服务（以下统称商品）的经营者，平台经营者在运营平台的同时，也可以直接通过平台提供商品；平台经济领域经营者，包括平台经营者、平台内经营者以及其他参与平台经济的经营者。然而，该指南依然没有针对"平台经济"一词做出定义。

3.3.2 区域层面

欧盟委员会（European Commission, 2016）在界定平台经济时，着重强调其协同性，认为平台经济等同于"协同经济"，是"一种以协同平台为基础的商务模式"，主要有三个角色：一是商品和服务提供商，他们共享资产、资源、时间以及技能，这些商品和服务都是以点对点的形式由个人提供的（实现共享）；二是使用者；三是媒介，也就是我们所说的在线平台，它帮助促成商品和服务提供商与使用者之间的交易。这种经济模式下的交易通常不包括所有权的改变，可以是营利的，也可以是非营利的。

欧盟委员会还提及，平台经济中的平台拥有两个或者更多用户，这些用户依托平台，从他们之间的互动中获取彼此需要的价值。这种基于在线平台建立的市场主要取决于"聚集（效应）、平台的区别性（独特性）、网络效应以及规模经济"等因素。

3.3.3　全球层面

经济合作与发展组织（OECD，2016b）对平台经济的描述强调了"共享"和"协同"的特点，指出平台经济等同于共享经济和协同消费。在《点对点平台市场中保护消费者》（*Protecting Consumers in Peer Platform Market*）的报告中，OECD（2016b）认为，长久以来，点对点的交易在商务领域扮演了一个重要的角色，如今的在线平台让点对点交易更加扩大化了。早期的例子包括销售商品的平台（网上拍卖等）。更新的例子有：网上的短租房服务和交通服务；应用实时定位数据和手机移动端等科技实现私家车、车位的出租；其他领域，包括小型任务、餐饮服务以及金融服务等。这些都可以称为共享经济或者协同消费。

国际货币基金组织理解的平台经济也是点对点的经济模式（IMF，2018）。它在 2017 年发布的《关于税收和点对点经济》（*Taxation and Peer-to-Peer Economy*）工作文件中指出，"点对点经济"这个词很难去定义，很多词语被用来形容这类数字化的点对点商务模式，比如说"共享经济"和"零工经济"等，但这些词语仅属于点对点（平台）经济的一个分支。点对点商务模式能够应用于任何在线市场，通过网络平台在交易双方之间进行。然而，这种点对点商务模式并非全新的交易方式，在线点对点交易的特别之处在于数字技术的使用，它大大降低了不同种类的交易成本，同时允许小规模交易进行，这才使点对点商务模式能够在各领域快速渗透和扩张。

世界经济论坛（World Economic Forum，2012）认为，平台经济类似于"数字经济"，它也没有对平台经济进行明确定义，只是在相关文件中能找到描述性语句。例如，世界经济论坛发布的《2012年全球信息技术报告》（*The Global Information Technology Report* 2012）强调科技发展给人们的生活、工作和交易模式带来了翻天覆地的变化。该报告指出，"科学技术的进步，可以让人们通过使用智能设备、云技术以及移动互联网端轻易地实现在线交易、在线学习和在线医疗等"。这段文字描述的是数字经济的特征，通过这段描述，也可以看出世界经济论坛将平台经济归在数字经济范畴之下。

3.4　小结

关于平台经济的未来发展趋势，从总体来看是乐观的，这从各国政府积极支持的态度可见一斑。但是，不可否认的是，在平台经济的发展道路上，还需要加强相关的政策支持和基础设施建设。

法国政府（France Government，2017）把平台经济同数字经济画等号，提出"一个更公平和更有效率的欧洲数字经济同样需要在数字平台上建立起更高的透明度和忠诚度"。

2017年10月印发的《国务院办公厅关于积极推进供应链创新与应用的指导意见》（国办发〔2017〕84号）中提到："随着信息技术的发展，供应链已发展到与互联网、物联网深度融合的智慧供应链新阶段。"该指导意见指出，要推动农业供应链信息平台、公共服务平台、供应链协同平台、物流信息平台等的建立和发展，达到优化配置生产资源、加快技术和产品创新、按需生产的目标。这一方面体现了中国政府对于发展平台经济的重视和大力支持，另一方面也显示出平台经济的特点和它带来的种种优势。

我们认为，平台经济是由科技和信息技术进步以及全球化驱动产生的，生产者和消费者基于数字化平台可以完成互换角色的点对点互动及交易，旨在高效利用资源和过剩产能、降低交易成本、提高生产流通效率的全新商务模式和生态系统。平台经济是数字经济的一种表现形式，区别于其他经济模式，平台经济最大的特点在于其数字基础强调的是"平台"。此外，平台经济多集中于商品、服务交易等商务领域，参与主体和应用领域比零工经济更广泛。

究其本质，平台经济旨在实现资源的高效利用和优化配置。区别于自由市场经济，平台经济最明显的特点之一就是具有"配对市场"属性。平台本身扮演了媒介的角色，使稀缺的商品和服务在配对市场上得以匹配。但是，这样的匹配过程并非一蹴而就，而是需要花费物质成本和时间成本去完成。所以，要确保配对市场有足够的"稠密度"，要有大量且多样化的商品和服务提供者及需求方，才能保证市场的正常运行。若配对市场中缺乏足够的商品和服务供给方及需求方，"稠密度"得不到保障，资源的优化配置也就难以实现，劳动者的工作就会缺乏连贯性。我们在后面的政策建议部分将详细讨论"工作连续性"问题。

第4章

共享经济（The sharing economy）

在工业经济时期，"共享行为"就已在近距离的社区内萌发。随着数字技术的广泛应用、普及和全球化，世界范围内出现了一种全新的共享式经济模式（Van Welsum，2016），也就是"共享经济"。普华永道（PricewaterhouseCoopers，2015）的预测显示，全球共享经济的价值在2025年将达到3 350亿美元。国家信息中心发布的《中国共享经济发展报告（2023）》认为，2022年，我国共享经济市场规模持续扩大，在增强经济发展韧性和稳岗稳就业方面继续发挥积极作用，共享经济主要领域亮点凸显。据统计，我国2022年全年共享经济市场交易规模高达38 320亿元，同比增长约3.9%。

学界、政界和行业内迄今为止还没有对共享经济的含义达成统一的认知，部分学者在强调共享经济"协同性"的同时，也提出了分享物的多样化、"分享替代所有"、物品所有权的需求降低等分享经济的特性；另一部分学者则认为，共享经济是一种促进持续消费、利用过剩产能、实现资源优化配置的再分配手段；还有一些学者对共享经济进行了综合性分类。政府和非政府机构（全球、区域、国家层面）肯定了共享经济扮演的重要角色，强调共享经济具有"协同性"和"分享替代所有"的特点，也指出了科学技术在共享经济中的重要贡献。行业内有强调共享经济"利用过剩产能"和"环保作用"的相关描述，有突出共享经济模式的社群协作功能和实现资源最优配置功能的描述，此外，也有强调网络的易访问性以及对所有权需求下降的相关描述。

本章首先从现象出发，提炼行业内对共享经济的理解和认知；其次，基于学术视角，归纳国内外权威学者对共享经济的定义及描述；再次，总结政府、政府机构以及非政府组织对共享经济的理解；最后，给出我们对共享经济的理解。

4.1 业内对共享经济的理解

共享经济也叫作"分享经济"，这种经济模式在我们的生活中随处可见，之前也有介绍。比如，从最初的国外私车共享服务 Uber、滴滴打车，到近年来出现在我国各城市大街小巷的共享单车，再到长途车共享 BlaBlaCar，使大家能够快捷、安全地分摊乘车花费并为司机提供更优行车路线的 Waze（蔡斯，2015）。

共享经济的形式层出不穷，不限于出行共享，还有空间（居住空间、工作空间、娱乐空间）共享、技能共享等。WeWork 是较为成功的共享办公空间的例子，在 WeWork 的办公区域内，有固定工位、移动工位和闪座（按时租赁工位）供客户选择；办公区域 24 小时开放，工作时间有免费的茶水、咖啡、啤酒提供；客户甚至可以带着自己心爱的宠物一同办公，性价比非常高。

4.1.1 利用过剩产能

部分业内人士着重强调了共享经济利用过剩产能和环保的作用。2004 年，法国人 Mazzella 产生了创建 BlaBlaCar 的念头，到 2008 年短短 4 年时间，该公司的平台上就拥有 1 000 万用户，而且这一数字还在持续增长。很多员工都持有绿色证书，虽然需要运载数量庞大的乘客，但是并没有产生增量污染。要拼车的人们只需把自己要走的路线和出发时间输入，该平台就会根据汽车里程和油费计算出每个座位的建议价格。当座位的价格可以抵消汽油成本时，车上的乘客就能享受到车主汽车保险的保障，而且车主所赚取的酬劳都是免税的。该公司成功地将每一辆车的载客率从 1.7 人增加至 2.8 人，大大提高了资源的利用率和有效性，这也是该公司创始人 Mazzella 的初衷：最大限度利用过剩产能，提高资源利用率，实现环保价值（斯特凡尼，2016）。

Zipcar 的创始人罗宾·蔡斯在《共享经济——重构未来商业新模式》一书中提出了共享经济模型的核心三要点：第一，通过利用过剩产能（以分享资产的模式）来实现经济利益；第二，得益于科学技术的日新月异，（我们）才可以建立共享经济平台，只有在平台上，共享才能变得容易；第三，"共享"强调个人在经济活动中的极大影响力（蔡斯，2015）。

类似地，中国连尚网络（Wi-Fi 万能钥匙）创始人兼 CEO 陈大年也强调共享经济利用过剩产能的特点，他认为，共享经济是一种建立在全新思维模式基础上的经济，它通过对过剩资源的再利用来替代传统意义上的生产力。因为它所利用的资源是过剩的，所以成本很低。他还强调，过剩资源得到利用就不再过量生产，所以共享经济具有环保作用。在该经济模式下，顾客的身份由"上帝"转变为既是"上帝"又是"服务者"的双重身份，顾客在享受服务的同时也提供服务（蔡斯，2015）。

4.1.2　实现社群协作

在部分共享业态公司中，在强调共享利用过剩产能的同时，也突出了该经济模式的社群协作功能。提及共享经济，大家普遍会联想到主营私车共享业务的 Uber，但是，2016 年 8 月，一家中国同业公司以 70 亿美元的高价购买了 Uber 在中国的运营权，于是全世界知道了"滴滴"这个名字。这次收购使得"滴滴出行"的估值高达 350 亿美元，而滴滴当时只是一个才成立了几年的年轻公司。滴滴把自己定义为全球最大的一站式多元化出行平台（滴滴，2024），在中国为 4 亿多用户提供出租、专车、顺风车、代驾、巴士等多元化出行服务。滴滴倡导的共享是基于中国互联网创新战略和不同社群及行业内伙伴协作互补，利用大数据的深度学习技术，解决出行、环保等问题，旨在提升用户体验并创造社会价值，强调可持续发展和社群协作的重要性。萨丹拉彻（2017）在《分享经济的爆发》（*The Sharing Economy: the End of Employment and the Rise of Crowd-Based Capitalism*）一书中指出，滴滴之所以能在有效抵御 Uber 挑战的同时，又具备迅速多样化的反应能力，得益于其始终强调社交性和竞争性相结合的企业文化。当然，除了社群协作功能以外，滴滴创始人（董事长兼 CEO）程维表示，创立滴滴的初衷是"在不增加车辆的情况下，让更多的人可以方便地出行"（萨丹拉彻，2017）。这也体现了滴滴通过"共享"来最大限度地利用过剩产能的理念。

提到社群协作功能，人们不得不想到 Airbnb，它在倡导释放过剩产能的同时，创建了令人惊艳的共享平台。在该平台上，群体之间的协作让在世界上任何地方居住的人都可以提供和享受服务（蔡斯，2015）。Airbnb 平台为房主和游客之间的交流提供了媒介，双方都会在该平台上分享一些有趣、有用的内容，包括各种游记、探店心得、房主和游客之间的轶事以及发起区域性活动（Airbnb，2017）。毋庸置疑，该平台同时发挥了促进社交和群体协作的功能。

4.1.3 资源优化配置

共享经济的另一个主要功能是实现资源的优化配置。闲置产能不只是对实物来说，它也存在于无形产品中，如技能、时间、空间等。除了 Airbnb 以外，空间共享的例子还有很多，如英国的 Landshare，美国的 YardShare、SharedEarth、Urban Gardenshare 等。这些共享平台将那些没有自己土地的园艺爱好者和花园爱好者与闲置的土地匹配起来，再把有时间而且懂园艺的人整合起来。通过这些平台，用户可以方便地上传他们自有的各类土地，其中包括农场主的空置地皮、大城市中的小角落和私人花园等。花园共享平台 YardShare 将自己定义为一个社群，该社群包括 DIY 房屋拥有人和园艺专家，他们很愿意同他人分享。在这里，人们不仅分享空间，还分享景观美化建议、园艺想法和设计点子等。YardShare 创始人

McLellan 说，"有很多人想自己种植作物，但是缺乏条件。而另一些人没有土地或者没有时间、精力和工具，所以将这些人通过平台整合起来是个不错的理念"（博茨曼、罗杰斯，2015）。通过这个平台，人们不仅可以分享自己种植的水果和蔬菜，还能进行社团交流、结交新的朋友。

4.1.4　所有权需求下降

除了以上三点之外，共享经济还使人们对资产所有权的需求降低了。JustPark 创始人亚力克斯·斯特凡尼（2016）认为，共享经济的价值在于可以让社会群体通过互联网去利用未充分利用的资本，从而能够减少人们对于这类资本所有权的需求，这也是他创立 JustPark 的最重要的目的之一。斯特凡尼（2016）进一步解释了共享经济的五个层次，其中第五个层次是"所有权需求下降，如果人们可以在社群内部使用某些资产，他们想自己拥有这些资产的需求就会下降"。

4.2　学界对于共享经济的理解

学界对于共享经济的理解也各有不同，有学者将共享经济界定为一种"协同生活方式"；也有学者从资源配置角度出发，认为共享经济是一种资源再分配模式；还有学者综合了之前的几种说法，扩大了共享经济含义的内涵和外延，认为共享经济是一种强调协同性的资源再分配经济模式。

4.2.1　强调"协同性"

在强调共享经济"协同性"的学者中，有一部分将共享经济称为"协同消费"（collaborative consumption）。同时，他们还提出了分享物的多样化、分享替代私有、物品所有权需求降低等分享经济的特性，即在分享经济模式下，资产的所有权弱化了。

这部分学者认为，"共享经济"和"协同消费"概念是可以互换的（Felson，1978；Berger，2013；博茨曼、罗杰斯，2015）。"协同消费"概念最早出现于20世纪70年代，是指"人们以满足日常生活需求和消费某些资源或服务为目的而与他人建立起来的一系列日常活动的总称"（Felson，1978）。任何可以通过资源、产品、服务的聚集来达到共享目的的（经济行为）都是共享经济（Matzler et al.，2015），这是一种由互联网作为中介的经济模式，人们可以点对点地进行商品和服务共享、互换、交易及出租（Berger，2013；Matzler et al.，2015；刘奕、夏杰长，2016；博茨曼、罗杰斯2015）。该经济模式强调商品和服务的使用权，而非所有权的转移和授予（Felson，1978；博茨曼、罗杰斯，2015；张新红，2016），提倡以"共享"取代"所有"（Lizzie，2015）。"共享"其实就是把财产在限定的时间内借给他人使用的过程。在这个过程中，不存在法律上财产所有权的转移，其实质是基于社会行为的人与人之间的互惠善行（Belk，2007）。共享物包括有形和无形资产，诸如金钱、空间、时间等（Matzler et al.，2015），"共享"的是"使用权"而非"所有权"。共享行为本身可以是营利性的，也可以是非营利性的，目的是利用没有被充分利用的资源，并最大限度降低交易成本。学者们认为，共享经济主要包括三个要素：第一，基于数据平台，大大降低了消费者和生产者之间的关联成本；第二，消费者、服务商之间实现了角色互换（Lizzie，2015；Thomas，2016）；第三，共享使用权，而非所有权（Lizzie，2015）。此外，共享经济有较强的"社群性"和"参与性"（Orsi，2013；Gansky，2010；John，2013），参与者可以依赖外部社群提供的资源，而又通过购买和使用资源为外部社群创造财富。

4.2.2 强调资源优化配置

这部分学者认为，共享经济是促进持续消费、利用过剩产能、实现资源优化配置的一种再分配手段。从资源配置角度出发，学者们将共享经济定义为"运用互联网等现代信息技术去整合、共享大量的分散化限制性资源，以满足人们的各种需求的经济活动的总和"（张新红，2016）。它是一种可持续发展的新路径（Martin et al.，2015），核心在于重新配置（并利用）物品（资源）的闲置功能（使其得到再一次发挥）（Martin et al.，2015；张新红，2016；刘奕、夏杰长，2016）。简单来说，"共享"就是把整体"分块"，实质就是分配，是一种零和游戏（Frenken，2017）。分配的目的在于实现可利用的资源和消费需求的平衡（Daunoriene et al.，2015）。基于可持续发展的视角，部分学者肯定了共享经济的环保价值，他们认为，"共享"延长了物品的使用周期，使物品利用率最大化（Daunoriene et al.，2015；张新红，2016）。但是，环保的效力取决于共享平台是否能够被有效地管理，共享的行为是否能被有效调控，税收问题是否能得到妥善处理（Frenken，2017）。

除上述观点外，宋逸群和王玉海（2016）提出了不同的看法，他们认为，共享经济是一种新型组织，互联网和科技在共享过程中发挥了重要作用，只是这种组织的边界模糊。所谓共享经济模式，其实就是一种人与人之间建立联系并借助互联网形成的一种新型组织，此类组织获取利润的方式和人们之间组织合作的关系发生了变化（宋逸群、王玉海，2016；朱国玮等，2024）。组织边界渐渐模糊化，人们对组织的依赖程度也大大降低。在组织中，人们合作的方式越发多样化，借助互联网，不仅可以分享信息、发布内容，还能进行交易，并且通过合作完成特定目标任务等（宋逸群、王玉海，2016）。

中国国家信息中心信息化研究部主任张新红（2016）认为，共享经济同时具备资源再配置和协同消费的特点。张新红（2016）在《分享经济——重构中国经济新生态》一书中指出，分享（共享）经济是运用互联网等现代信息技术去整合、共享大量分散化闲置资源，以满足人们各种需求的经济活动的总和。它有三个方面的内涵（张新红，2016）：一是信息科技革命发展到一定阶段出现的一种全新的经济形态，信息技术为大规模的分享经济活动提供了可能性；二是一种连接供给、需求的资源配置最优方式，这种方式解决了资源稀缺和闲置浪费的问题，极大地降低了交易成本；三是适应信息社会发展而产生的一种新的理念——由使用替代占有，强调以人为本和可持续发展。张新红（2016）认为，共享的前提是限制资源，核心是用户体验，基础是人们之间的信任，保障是安全，条件是大家的参与，支撑是信息科技，而最终目标是资源利用效率最大化。

4.2.3　共享经济的分类

还有部分学者对共享经济进行了种类的划分，总结了共享经济的不同类型。

博茨曼和罗杰斯（2015）在《共享经济时代——互联网思维下的协同消费商业模式》（*What's Mine is Yours—The Rise of Collaborative Consumption*）一书中指出，协同消费系统（共享经济）大致有三类：产品服务系统（product service system）、再分配市场（redistribution market）以及协同生活方式系统（collaborative lifestyles）。其中，产品服务系统不仅可以使人们分享到企业提供的产品，还可以将那些个人拥有但不经常使用的物品共享，最大化这些物品的使用价值，以"使用"替代"所有"，节省开支；再分配市场则主要是将二手物品从不需要的用户那里再分配到需求方手中；协同生活方式系统中的共享物不是只有物质资产，还可以分享时间、空间、资金以及技能等虚拟资产，此类分享就称为协同生活方式。Matzler等（2015）支持博茨曼和罗杰斯对于共享经济模式的划分方法，认为产品服务系统可以让人们分享到不同种类的、归属于公司或私人的产品（物品）。此类型主要有小汽车共享服务 Zipcar 以及点对点共享平台 Zilok.com 等。再分配市场通过点对点的匹配和社会网络来达成产品重新所有权（re-ownership）的产生。这种再分配市场的例子包括在线网络平台 NeighborGoods.com 以及 thredUP.com。在协同生活方式下，人们分享相似的利益并实现互助，这里的共享物大多是无形资产，如金钱、空间或者时间，这种共享经济模式对数字科技和互联网的依赖程度最高。

国内也有学者对共享经济进行分类，刘奕和夏杰长（2016）从三个视角来阐释共享经济：第一，交易成本理论，即共享经济的价值在于拥有某项资产或技能的人与需要这些资产或技能的人，在某一时间以彼此可以接受的成本实现匹配。在这个过程中，平台帮助他们降低交易的搜寻、联系乃至签约成本。第二，协同消费理论。如前所述，就是强调共享经济的协同性。第三，多边平台理论，就是不同消费者通过平台进行直接交易。共享经济中的平台（公司）是产品或服务提供者和使用者之间进行直接交易的组织者与媒介，它们帮助供需双方更有效地使用未被充分利用的资源，在加强市场竞争的同时，给消费者提供更多的选择。

4.3   政府和非政府组织对共享经济的理解

大多数全球性、区域性组织和各国政府在相关报告、政策文件中对共享经济进行了解读。部分认为共享经济也可称为协同消费（collaborative consumption）和参与式经济（participative economy），是一种基于互联网和数字科技（Federal Trade Commission，2016；Statistics Canada，2017）、以点对点（peer-to-peer）方式提供服务的新兴市场。市场上进行交易的是物品的使用权而非所有权，以"使用"替代"所有"，旨在实现资源的优化配置和利用过剩产能（OECD，2016；Van Welsum，2016；European Commission，2016；Statistics Canada，2017）。共享经济还可称为碎片分享（share-the-scrap）经济（Van Welsum，2016）、点对点经济（peer-to-peer economy）或是按需经济（on-demand economy）（European Commission，2016），科技发展是共享经济的主要驱动力之一（OECD，2016）。

4.3.1　国家层面

在国家层面，美国联邦贸易委员会在 2016 年相关员工报告中指出，共享经济可以从以下三个方面来理解：第一，共享经济是一种任何人都可以较轻易地成为商品和服务的供应方并以此获利的经济模式。从广义上说，共享经济是以一个点对点的平台为媒介来实现有交易需求的个体之间的连接，并促使他们高效交易的经济模式。第二，共享经济中的商品、服务供给方也可以成为消费方。不同于传统的经济模式，共享经济提供的不是批量化与规模化的商品和服务，而是一些临时性的小规模商品和服务，按需交易。第三，在共享经济下，人们可以共享自有资产，从而达到节约资源和降低消耗的目的（Federal Trade Commission，2016）。英国商务部指出，虽然共享经济的形式多种多样，但都有一个共同点，即都利用互联网和信息科技来帮助人们实现资产、资源、时间和技能的有效共享，并且将资源提供者和需求者联系在一起，简化了商务流程，创造了价值。此外，加拿大统计局（Statistics Canada，2017）也提出，共享经济是基于数据平台的经济行为，人们在共享经济中可以出租（rent）自己的技能（如开车、开发计算机软件），并且用他们自己的资源（资产等）来获利。

4.3.2　区域层面

此处以欧盟委员会（European Commission，2016）为例，其强调共享经济有两个特点：协同性、在交易中不包括所有权的转移。欧盟委员会2016 年在布鲁塞尔发布的《关于协同经济的情况说明书》中提出，协同经济等同于共享经济和点对点经济、按需经济。共享经济（协同经济）为一种点对点交易的经济模式，该模式下的交易是通过协同（共享）平台来进行的，平台给消费者提供了一个可以满足实时（商品、服务）需求的开放市场。平台上的交易通常不包括所有权的转移和交换，交易可以是营利性的，也可以是非营利性的。

4.3.3 全球层面

经济合作与发展组织（2016）表示，共享经济是一种全新的协同性科技商务模式，它正在改变旅游业。在这种商务模式下，（旅行中的）人们有更多机会自主选择住哪里、做什么、怎么去。这种经济模式的发展在给行业带来很多机会的同时，也带来了很多挑战，在旅游业中导致了更广泛的诸如消费、交税以及政策方面的问题。

世界银行在2019年《世界发展报告》（*World Development Report*）中指出，业界出现了很多对于"共享经济"的替代称谓，如"按需经济"和"匹配经济"，这两个概念能同时反映出消费者对于某种特定需求临时消费偏好的增长。然而，"碎片分享经济"应该更恰当一些，它强调分享经济利用过剩产能的能力。之所以说是"碎片分享"，是因为世界银行对于"共享经济"定义的侧重点是共享经济模式下"所有权"被"使用权"所替代，以及共享经济具有资源优化配置功能。

4.4 小结

综上所述，共享经济具有如下特征：第一，主体可以是企业，也可以是个人。第二，目的可以是营利，也可以是非营利。第三，依托互联网，资源共享更加简单便利，大大降低了商品和服务消费者和提供者（生产者）的关联成本，降低了交易费用和交易成本。第四，影响范围广，包括物品、服务、空间乃至技术和时间等。第五，以"使用"替代"所有"，强调共享物的使用权而非所有权的交换和转移，极大地提高了共享商品、服务的使用效率，延长了使用寿命。从环保角度看，共享经济是一种可持续发展的经济模式。第六，具有社交性，强调社群内部的资源共享。社群可以是地理位置相近的一群人，也可以是以其他方式建立起来的团体。例如，在基于互联网建立起来的社群中，用户通过点对点的接触方式在平台上沟通交流，建立相互信任的关系，进而形成一种新型的共享平台社交方式（魏存明，2016）。

我们认为，传统意义上的共享经济是以网络平台和信息科技为载体，以点对点"使用权"的交易行为为主要内容，旨在利用过剩产能、实现资源优化配置和保护环境的新型经济模式。它具有很强的协同性，可以是营利的，也可以是非营利的。近年来，共享经济的范围不断向外辐射，从强调"利用过剩产能"转变为更加强调"资源的有效配置"和供需双方的"匹配"，而不再过多关注交易内容是否为旧物等过剩资产。共享经济逐渐变成了平台经济的一个代名词，但是，在严格意义上，共享经济的范畴小于平台经济。

我国2016年《政府工作报告》指出，"要支持共享经济发展，提高资源利用效率，让更多人参与进来、富裕起来。实施更积极、更开放、更有效的人才引进政策"，"要推动新技术、新产业、新业态加快成长，以体制机制创新促进分享经济发展，建设共享平台，做大高技术产业、现代服务业等新兴产业集群，打造动力强劲的新引擎"。

共享经济在发展的同时也让我们产生了一系列疑问：人们在共享经济中究竟分享了什么？谁参与了共享经济？谁从共享经济中有所获益？共享经济的障碍和风险是什么？共享经济为发展中国家的发展提供了怎样的机会？这些都是悬而未决的问题。世界银行（2019）甚至认为，"共享经济"一词在一定程度上有些用词不当——"什么东西在实际意义上被共享了？""当我们为所谓的'共享'买单的时候，我们有没有想过这只是一种形式的租赁，抑或我们只是在为获得的服务买单"。

对于如何适应共享经济，迎接共享经济带来的挑战，经济合作与发展组织（2016）在《经济合作与发展组织关于旅游业的趋势和政策》（*OECD Tourism Trends and Policies*）中提出了四个方法：一是加强战略管理框架的制定，同时要考虑到共享经济给政策、社会目标的实现带来的广泛影响以及政府在市场中的地位；二是重新思考政策的激励作用，更好地理解政策环境并且尝试新的方式，包括广泛使用政策或发明实验室，在实验室中可以进行不同利益方的头脑风暴；三是实现政策实施和法规执行的现代化，从一个全方位的政府视角，采用以绩效和自我管理为基础的方式、方法，并通过共享经济平台，充分利用数据和征信信息；四是加强数据的收集和对共享经济影响的研究，支持各级政府共享最佳实践和经验。

第 5 章

零工经济（The gig economy）

在原始社会，渔猎为主要生产方式，但凡具有劳动能力的人多少都会参与有用劳动，并尽最大可能获得各种生活必需品和战利品，供养自己和家族内因老弱病残而无力劳动的人。但是在那个时期，人们的生活仍然很贫困。时代发展，人类社会进入文明繁荣的时期，大量社会成员开始参加社会劳动（斯密，2016），为了降低生产成本和交易成本，人们逐渐聚集起来形成企业。在数字时代零工经济下，传统企业和正式雇佣模式正在逐渐转变，传统的岗位开始解构。本章主要探讨零工经济的起源、含义、本质和特征。但是在此之前，我们需要回答：在工业经济时代，传统企业为何会产生？其本质是什么？对企业起源与本质的理解，能够帮助我们在零工经济问题的探索中拨云见日。

5.1　零工经济的起源

科斯认为，企业可以替代价格机制，作为资源配置的有效方式，关键就在于其使大量外部交易契约内部化，避免或大大降低了价格机制用于发现相对价格而产生的成本，实现资源和产品的统一配置、出售（威廉姆森、温特，2010）。此外，企业的产生也有利于降低市场机制固有的不确定性，增加达成长期契约的可能性。因此，科斯认为，企业的性质就是为了节约交易成本、替代价格机制进行资源配置的有效方式，是一个集合体，把市场运行的各个环节纳入企业内部，进行组织协调（威廉姆森、温特，2010）。企业在节约交易成本上的作用是毋庸置疑的，但是我们认为，企业产生的原因不仅是降低交易成本，也是节约生产成本。这是因为在工业化大规模生产时期，"交换"的需求促使劳动分工不断细化，"劳动生产力最大的改进，以及劳动时所表现的更多劳动技巧和判断力，似乎都是分工的结果"（斯密，2016）。而这种分工的规制需要强大的一体化力量，也就是企业把生产同质产品的个体拢聚起来，利用规模生产降低生产成本。此外，企业不应是价格机制的替代，二者都是市场发展的动态结果，更应该是一种互为补充和长期共存的关系，因为企业的管理者指挥控制生产要素的权力是有限的，被限制在"合约的范围"之内，但凡超出合约范围的部分，都会受到市场交易的支配（威廉姆森、温特，2010）。

除科斯以外，还有一些学者从不同角度出发，解释了企业产生的原因，如阿尔钦和德姆塞茨的企业理论认为，在技术条件作用下，所有权和监督职能集中于中央与无监督的小规模生产相比，在生产率和收入分享上更有优势，于是企业就产生了（克罗茨纳、普特曼，2015）。这些学者认为，企业的产生主要是为了避免监督活动的高成本重复发生。新制度经济学家张五常（2019）认为，商品交易市场和要素交易市场实质上并无区别，无论个体选择创立企业还是受雇于企业，本质都是建立不同性质"合约"的体现。前者属于商品交易合约，后者为劳动交易合约，个体会根据实际收益的多寡来做出创业还是受雇的抉择。依据该理论，企业的本质就是一个大的合约。

我们总结的科斯对企业性质的界定基于以下前提：首先，劳动力是同质的、理性的经济人，追求个体经济效益最大化。在工业化时期，对雇佣工人进行野蛮剥削的工厂制度广泛建立，马克思的劳动价值理论认为，企业和雇主利润的增加来自工人劳动时间延长而产生的剩余价值，企业雇主只将劳动者视为一种生产要素，而不是有情感需求、社会需求和民主需求的个体（马克思，2014）。其次，当时的大背景是传统工业化生产和劳动分工逐渐细化。雇主将一项完整的工作细化为几个步骤，由多个工人配合完成。这种人们相互协作的生产方式使每个劳动者都能各司其职，极大地提高了他们的工作效率（斯密，2016）。有学者认为，雇员对雇主的义务是企业的核心（克罗茨纳、普特曼，2015）。市场需求体现出"量大""同质"的特点，基于此，分工细化的生产者追求的是同质产品的规模化生产。再次，由于细化的劳动分工，劳动者往往是低技能的，成为"毕生进行结果相同或近乎相同的几个简单操作的人，没有机会运用自己的知识或施展自己的发明才能去寻找消除困难的捷径……必然丧失使用知识的习惯，一般会变得愚昧无知……因此，劳动者对自己特殊业务的娴熟是以牺牲脑力、社会能力等为代价的"，由于工作单调，劳动者无心补充知识和思考其他事情（斯密，2016）。最后，在工业化时期，信息技术尚未出现，个体利用价格机制发现相对价格的成本较高。在这几个前提的催化下，企业——劳动力个体的集合体——作为替代价格机制、实现资源优化配置的有效方式应运而生。

马克思在《资本论》中指出，当资本主义野蛮剥削的时代结束以后，法定工资、工时制度普及，缩短的工作时间和弹性工作制必将成为未来重要的发展趋势之一。随着科学技术的发展、社会经济条件的变化，以下几种情况发生了质变：一是劳动者不再被视为只追求自身利益最大化的理性经济人，而是有社会、心理、民主等多方面需求的综合性个体。劳动者在满足经济需求的同时，也要满足其他需求，如工作和生活的平衡、个体的发展、企业和社会的认可、自我价值的实现等。二是工业经济时代细致的劳动分工导致劳动者的技能低端化、同质化，区别于此，数字经济时代的劳动者具有"技能化"特征，有特定技能的劳动者属于劳动力市场的稀缺资源。三是为了适应多样化的产品、服务需求，劳动者往往具有较高的技能或者同时有几种技能，这就类似于在野蛮社会（狩猎、游牧社会）人人都需要从事多种职业（斯密，2016）。区别就在于原始社会的职业种类非常有限，而数字经济时代的职业种类繁杂多样。四是在信息化时代，互联网和信息科技在生产和交易中得到普及，大大降低了劳动者的生产和交易成本，因此，不再需要聚集起来以企业的形式进行生产和交易。五是对产品和服务的需求并不是同质的，而是呈现个性化、多样化，传统的规模化生产已经无法满足这些需求，于是，作为新时代实现资源高效配置的一种有效机制，零工经济产生了。

5.2 零工经济的含义

"gig（零工）"一词意为"特定短暂时间内的工作"，并非新鲜事物，早在20世纪20年代初就已经在近距离的社区范围内存在。在早期，零工是指乐手在各个酒吧、餐厅的临时即兴表演行为，后来泛指所有领域的零星工作，但是由于受到科技发展水平的限制，仅体现为有限距离内零散的"零工行为"，并未在世界范围内大部分人口中普及。随着数字技术的发展（Donovan et al.，2016），早期分散化的"零工行为"借助数字技术，逐渐演变为互联网时代规模化的"零工经济"（Kalleberg and Dunn，2016）。

迄今为止，学界对零工经济的含义还未达成一致。有学者（Horney，2016）认为，零工经济又可称为临时工作（contingent work）、共享经济（sharing economy）、敏捷人才（agile talent）、非传统工作关系（non-traditional work relationships）或者替代用工形式（alternate forms of employment）等。部分学者并不强调新兴科技和互联网的作用，只宽泛描述了零工现象带来的用工模式的变化，认为"零工经济"是用来阐释企业和独立工作者基于短期工作、职位或者项目，参与签订合同的趋势的概念，专指以独立自主且有一定技能的劳动者，即传统零工（普遍的自由职业者）为参与主体，注重工作结果，按项目付酬的工作模式（Manyika et al.，2016；Tepper，2016），从严格意义上来说，只能算是分散的"零工行为"。

今天人们普遍提及的零工经济是一种大范围、规模化的经济形式，是真正意义上的"零工经济"。零工经济是指基于数字技术，以网络平台为基础，具有即时性特征的、规模化的按需工作模式（Lobel，2017；Horney，2016；Torpey and Hogan，2019）。它涉及大量高科技公司（Mulcahy，2017），是"App时代"的一个延伸产品（Frost，2017）。在零工经济中，劳动者和消费者借助数字平台连接起来，前者在有限的工作时间内，通过平台完成指定的工作或项目并从后者那里获取报酬，工作往往以"件"为单位（Frost，2017；Torpey and Hogan，2019；Sanders and Pattison，2016）。零工经济的含义逐渐被延伸、扩展到等同于共享经济，在此经济模式下，个体通过某种网络、App等数字技术，与使用者或承租方分享自己的所有物，这经常被称为"点对点分享（peer-to-peer sharing）"（Sanders and Pattison，2016）。个体的所有物如为实体，通常采用线上线下相结合的交易模式。

学者们对于零工经济的认识还大多停留在现象层面的描述和经验概括上，缺乏一个统一的、抽象化的理论定义。我们在已有文献的基础上，提出零工经济有广义和狭义之分。狭义的零工经济是一种介于完全受控的传统企业和完全自由市场交易中的价格机制之间的连续体（spectrum），是数字时代工作市场的一种资源配置机制。通过该机制，作为需求方的个人或企业，以网络平台为媒介，将碎片化的工作、服务需求传播出去；供给方个体可以根据其对人力资本关系固定性的差异化要求，对各自的职业进行规划，选择适合自己的工作（郑祁、杨伟国，2019）。广义的零工经济还包括个体借助数字技术，在一定时期内共享个人的资产，以获取收入（如Airbnb）。

5.3　零工经济的性质和特征

在工业化时期，传统企业的劳动关系具有四个主要特征（威廉姆森，温特，2010）：首先，企业实行岗位制。这决定了企业雇主对劳动者的生产过程具有控制权，雇主"告知雇员工作时点、工作时长、工作内容、工作地点和工作方式"，雇主对劳动者的此类控制权构成了传统企业雇主雇员关系的本质特征，"也正是这种权利将雇员区别于普通独立签约人"。其次，劳动者低技能化。因为劳动者从事的都是简单的重复性生产劳动，所以劳动者普遍低技能化，而且劳动者属于无产者，生产要素和生产资料均控制在雇主手中。雇员（劳动者）更多地被视为一种只有经济属性的"生产要素"，他们只关注自身利益最大化，没有社会、民主和心理需求（泰勒，2007）。再次，劳动力内部化。企业使用内部劳动力进行生产，以节约生产和交易成本。最后，企业管理科层化。传统的企业治理模式呈现出严格的"层级分明，逐级管理"（科层制）特征，在通信不发达、没有先进科技手段的年代，层级管理可以大大降低沟通、生产成本，化解劳资冲突，提高企业的生产效率。与传统就业形成鲜明对比，零工经济呈现出岗位解构化、去雇佣化、劳动者资本化、企业管理去中心化等特征。

5.3.1　岗位解构化

把岗位分解成一系列独立的工作，是用工模式的一个巨大转型和变革，因为"岗位"是传统雇佣关系的三个基本要素之一。岗位是一个比较宽泛的概念，建立在传统劳动合同制度的基础上，限制了劳动者的工作内容、工作时间、工作地点、工作方式和工作目标等，体现了企业或组织对于劳动者的"控制权"。在传统企业中，"人岗融合"，劳动者和岗位密切相连，劳动者在既定的岗位上做规定的工作。在零工经济下，岗位被分解成更小的单位——工作、任务或项目，至此，"人事融合"取代了"人岗融合"。"人事融合"是指人和工作、任务、项目密切连接。个体对其所做的工作具有控制权，可以自行选择工作时间、地点、内容、方式（U.S. Department of Labor，2019），因此，呈现出工作地点灵活化、工作时间灵活化等零工经济特征。

杨伟国等（2018）指出，岗位解构就是传统的岗位职责不断被分解成细微且精确化的工作任务。区别于传统岗位制的固定薪酬，在零工经济下，人们通过尝试不同种类的独立工作来实现财富的积累（Mckinsey，2016），这些独立工作也包括通过互联网平台完成一系列独立任务的分包工作（crowdwork）（Stefanot，2016）。在工业经济时代，工作的完成更像是穿在一个时间轴上的珠子，简单、重复，时间、地点固定；而在零工经济下，工作充满不确定性，工作的完成更像是一个装满电子仪器和电线的抽屉，开头与结尾的界限不再清晰（Tepper，2016）。区别于传统的岗位制，零工经济中的独立劳动者寻求短期工作机会（Sanders and Pattison，2016），基于碎片化的项目或任务进行工作（Wordsworth，2016），通过数字平台（如 Uber、Airbnb）寻找工作（Mckinsey，2016），在有限的时间内通过完成平台指定的工作、项目获取报酬（Frost，2017）。岗位被具体工作所取代，劳动力需求方向劳动者提供临时工作（Sanders and Pattison，2016），重点关注劳动者的劳动结果和绩效表现，而非出勤率。劳动者具体的工作方式、工作时间等过程因素都不再重要，企业更看重工作结果的质量（Mulcahy，2017）。例如，劳动者可以通过移动客户端寻找并从事运输、清洁、跑腿等临时工作，这种零工经济模式对个体工作和服务质量都有专门的标准和要求（Stefanot，2016）。企业不再对工作过程进行控制，最直接的结果就是合作远程化和工时灵活化。

5.3.1.1 合作远程化

合作远程化主要是指劳动力个体和组织的空间分离，即使处在边远地区的劳动者也可以借助互联网平台搜寻并获取工作机会（杨伟国等，2018）。零工经济中的劳动者以独立合同承包者、自由职业者的身份从事一系列替代全职岗位的组合工作模式，改变了人们把一份工作同固定工作地点联系起来的认知（Mulcahy，2017）。区别于传统岗位制下雇主要求雇员朝九晚五、一周五天到特定办公地点坐班的模式，零工经济中的劳动者不需要定点工作，而是利用世界范围内的网络平台向需求方进行点对点的服务（劳动力）和所有物（资产）分享，网络平台在此过程中充当中介的角色（Farrell and Fiona，2016），在世界上任何一个角落，让组织和个人与潜在劳动者或客户建立联系，而不限于某一特定区域（Stefanot，2016）。例如，eBay、Airbnb 等资产（服务）共享平台把可能的客户同愿意出租资产、售卖商品的销售方联系起来，Uber、TaskRabbit 等劳动力共享平台把客户和临时工作者关联起来（Farrell and Greig，2016）。

综上所述，合作远程化的本质就是组织对工作地点控制权的丧失和劳动者对工作地点控制权的获取。在一定程度上，双方都是受益者：劳动者得到了自己选择工作地点的权利，在给其带来便利的同时，也提高了其工作满意度和生产效率；企业不再提供工作场所，节约了运营成本，扩大了可使用的劳动力的辐射范围，也从劳动者生产率的提高中获益。

5.3.1.2 工时灵活化

工时灵活化表示劳动者不再受制于组织和企业，对自己的工作时间有自主权和控制权，工作变为基于小时甚至更短时间长度的灵活化、随意化的交易模式（杨伟国等，2018）。个体不需要以雇员的身份参与工作，他们使用网络平台、移动客户端，自主选择自己的工作种类，并自行安排工作时间（Thomas，2018；U.S.Department of Labor，2019）。劳动者作为自我雇佣者或独立分包商，自主选择特定的临时工作或项目。"临时性"表示劳动者完成一个项目以后，同一项目对其没有接下来进一步的工作要求（Thomas，2018）。这些项目和工作就是"零工工作"。零工们以类似"投标"的方式承担临时工作，通常平台会有相应的客户"打分"和评价机制，用以评估劳动者的工作绩效（Thompson，2018；Atmore，2017）。在零工经济下，无论劳动者从事何种类型的工作（如司机、自由艺术家、临时 CEO 等），也无论该工作是自己获取的还是被第三方（如劳务派遣公司等）委派的，这些工作都可统称为"零工工作"，属于非正式用工范畴（玛丽昂，2017）。在灵活的工作时间内，零工和客户之间只建立一种短期的工作关系（work relations），完成有限工作时间内的短期任务，比如平面设计、在线问诊、法律咨询、搭载客人等；任务期限一般小于 12 个月，这就与传统的雇佣关系明确区分开来（Mckinsey，2016）。显然，在传统岗位制下，雇员无权控制自己的工作时间；而在零工经济下，工时灵活化无疑是劳动者对劳动过程控制力增强的体现。工时灵活化的影响具有两面性：一方面，有利于部分劳动者的家庭生活平衡，以提高其劳动积极性和工作满意度；另一方面，对部分生存型个体来说，出于生存、支持家庭、抚育子女、赡养父母等方面的考虑，没有固定的劳动时间意味着这些群体可能要花更多的时间去工作，致使工作时间过长，导致他们的健康、安全以及产品、服务的质量都得不到保障（Lott，2015）。

毋庸置疑，岗位分解使用工方式更加灵活，企业由传统的对工作过程进行控制转变为以关注绩效为导向。劳动者在工作中进行自我管理，极大地发挥了劳动者的自我创造力和主观能动性，帮助他们实现自我价值；对企业来说，工作过程的监管成本大大降低，同时还节约了办公地点的空间成本。但是，岗位分解也可能使工作缺乏连续性，因为区别于工业经济时代同质化的劳动力市场，零工市场中的劳动力个体及其服务、商品呈现多样化特征，而客户的需求也呈现个性化、区别化。对多样化、稀缺资源的配置是在配对过程中进行的，也就是配对市场的资源配置机制（罗斯，2015）。在工业经济时期，经济学家往往只关注商品市场，但忽略了"配对市场"的存在。所谓"配对"，是指人们在生活中获得的东西既是他们自己选择的，又是选择了他们的事物，可以理解为这是一个双向选择的过程（罗斯，2015）。配对需要通过结构化的配对过程（申请、挑选等）来实现，在配对市场中，价格并不是资源配置的唯一或者主要方式，因为配对市场旨在实现稀缺资源的有效配置，而非传统意义上同质、普遍、大量存在的资源的配置。在配对机制的作用下，如果市场没有足够数量的供给者和需求者，就无法保障市场稠密度，无法实现资源的优化配置，也会使劳动者的工作失去连贯性。需要指出的是，市场如果过于"稠密"，也会有"阻塞"的风险，资源配置效率也会受到影响。这是因为如果市场很稠密，供需双方的选择范围就随着市场稠密度的提高而扩大，选择需要耗费的时间就会很长（罗斯，2015；Zheng et al.，2022）。

一方面，政府应该加强匹配市场中科技基础设施建设，建立高效、快速、便携（可移动）、安全、可信的信息基建；另一方面，企业也要加强内部相关设施的建设，以保障企业发布信息的准确性、即时性、对称性、透明性，使劳动者能快速掌握更加全面、可靠的工作信息。这样，在稠密度得到保证的前提下就不会造成市场阻塞，匹配市场才能更加高效地运行，进而实现零工劳动力市场人力资源的优化配置，零工"工作缺乏连续性"的问题也会得到解决。

5.3.2　去雇佣化

去雇佣化（de-employment）的原因多种多样，主要在于技术变化（互联网）、市场竞争等。在雇佣关系中，如果在企业固定下来的人不干活，就只会带来成本支出，与其签订劳动合同就意味着成本支出的增加。举个简单的例子，如果某企业与某劳动者签订了一年的劳动合同，但是在这一年中，受中美贸易战的影响，该企业不得不暂停对外出口，因此就要停产。但是，因为与劳动者签订的劳动合同并未到期，所以即使该劳动者不进行生产，该企业也要确保合同规定的劳动者相关收入和福利保障。对企业而言，最好的选择是其雇佣的劳动者"没有合同，有活就来，没活就走"，这也是最灵活且最节约成本的用工方式，因为任何固定合同在这种情况下都会带来企业在市场上的竞争劣势。

去雇佣化意味着企业和劳动者之间的关系从"雇佣关系（employment relations）"转变为"工作关系"。去雇佣化的驱动力在每个企业中都存在，因为"工作关系"是企业最理想也最灵活的用工方式。"工作关系"是指人与组织之间不再存在传统的长期"雇佣关系"，雇主不再承担雇佣关系下的社会责任（或弱化）。这样会大大节约企业的成本，在无形当中给竞争中的企业带来比较优势。

例如，在部分美国大学中，上课的老师（无雇佣关系）数量要比在职老师（有雇佣关系）的数量多。然而，雇佣关系的淡化不会降低产品质量和服务质量，因为劳动者需要直接面对客户，提供产品、服务后直接获得相应的酬劳，他们对自己负责，反而会更高效地工作。这也是灵活用工方式的一大好处——产品质量和服务质量大大提高了。我们大胆地设想一下，在未来的大学中，外聘讲师的数量将相当庞大，甚至超过与大学签订劳动合同（有雇佣关系）的在职老师的数量。

近年来，全国各地掀起了"人才大战"，其实大可不必，因为这只是把人才的户口抢过去了，但人才本身依旧在别的地方工作。在数字经济背景下，传统的雇佣关系向工作关系转变，并不意味着"人不到"就"不能用"，各地政府要转变观念，颁布与时俱进的政策措施，提高管理水平，基于数字技术（平台技术、视频技术、虚拟现实技术等），将工作岗位解构成一个个任务和项目，分拨给身在外地的人才。这样，即使人才（劳动者）身在异地，也能处理工作，完成任务。

工作关系还有一种模式，就是股东或合伙人。以华为为例，作为中国技术密集型民营企业中的佼佼者，华为之所以能在众多民营企业中遥遥领先，与其采用了适应现阶段经济转型需要、利用人力资本实现可持续发展的策略是分不开的。华为的员工持股率高达98.99%，这在国内民企中较为少见，具有很大的范本价值（齐宝鑫，武亚军，2018）。再如中国联通，它从2000年开始实施经理层的强制持股计划和10年有效期限的认股权计划（刘海生，2003）。该计划旨在对符合相应条件的公司和附属公司内部经理人员、特殊人才进行长期奖励，使他们既可以通过持有公司股份而享受股东权益，又能够和企业一起风险共担。此外，这样做还有利于公司的人才引进和保留，培养员工的积极性、创造性和主人翁意识，激励经营者平衡长期利益和短期利益，实现股东价值和企业利益最大化。

5.3.3　劳动者资本化

劳动者资本化主要体现为人力资本的技能化和物质资本的有产化。所谓劳动者"技能化",是指劳动者自身有特定"技能"。区别于工业化生产过程中智力和体力的分离(马克思,2014),在零工经济中,平台和组织选拔人才都以技能为准绳(杨伟国等,2018)。世界银行(2019)提出"技术是重塑工作所需要技能的强大动力"。在全球范围内,发达国家和发展中国家正同时面对劳动力市场对易被替代的低技能劳动者需求降低,但对高技能、高适应能力、高认知劳动力需求提高的挑战。世界银行的相关数据显示,从2000—2014年的14年间,玻利维亚高技能工作的就业比例提升了8个百分点,埃塞俄比亚高技能工作的就业比例增加了13个百分点。这些增长不仅表现为低技能工作被高技能工作所取代,也表现为既有工作技能需求提高了。以技能为导向的零工经济模式对劳动力个体能力有较高的需求,能力高的零工有更多权利去要求更高的薪酬,同时也会拥有更多的空余时间平衡自己的工作和生活(Mulcahy,2017a)。由于在使用劳动力的时候,企业大多是"结果导向"的,即以最终工作成果作为绩效衡量的主体,因此,拥有相应的技能才能在这种经济模式下满足客户的需求(Mulcahy,2017a;Frost,2017)。零工经济对技能的需求摆脱了以学历、证书为单一评价标准的传统,在给企业带来多样化人力资本的同时,也激发了劳动者提高自身技能的主观能动性。

所谓"有产化",是指在广义零工经济中,劳动者不再是传统意义上的无产者,而是拥有一定富余财产(如私家车),该财产转化为资产后,能够在零工市场上满足消费群体的需求,即劳动者的"资本化"。在工业经济时代,劳动者没有生产资料的所有权,属于"无产者"(马克思,2014)。雇主在终止雇员和企业的雇佣关系时,也剥夺了雇员用于生产的工具,因为生产工具归雇主所有,雇主和雇员之间的关系由于生产资料雇主私有而存在不对称性(克罗茨纳、普特曼,2015)。但是在零工经济时代,很大一部分参与个体都是"有产者",他们拥有自己的财产,并能将这些财产转化为资产,投入零工市场中以获得收益。区别于传统工业经济同质、单一的产品,这些资产呈现出多样化、异质性特征。例如,拥有私家车的人可以在 Uber、滴滴平台上注册，成为专车司机；拥有私家花园的人可以在 YardShare 上出租自己的花园等。

当然，劳动者的"技能化"使其自带技能，可以在很大程度上帮助企业节约培训成本，减少培训后员工中途离职的损失。但是，个体需要自己承担相应的技能提升成本，并在可能被淘汰的压力下不断充实和提升自己的技能，以满足市场的需求。这一点对于那些身体等客观条件受限的劳动者来说，难度比较大。此外，高技能者能够通过零工平台获得更多的工作机会，他们得到收入之后又可用于技能的再提升和再开发，进一步增大了再次获得工作的可能性。但是，技能相对较低的群体就可能在零工市场上面临就业障碍，由此形成了由技能差异引起的"新二元社会"（杨伟国、周宁，2017）。

5.3.4 企业管理去中心化

企业管理去中心化的意思是在零工经济时代，企业利用网络平台、数字化技术和移动客户端等先进科技手段，逐渐打破传统的科层制，由内而外实现平台化、集群化的分布式管理方式。Torpey 和 Hogan（2019）指出，"独立自主的个体选择自我雇佣的工作模式并不是新现象，但是互联网时代的零工经济是新事物，因为企业与劳动者建立联系是借助网络和 App 的媒介作用"。具体来说，就是企业通过平台，从可用的劳动力或资产拥有者处购买货币化和定时的任务（结果）或资产，并由平台向劳动者或资产提供方以及客户收取相应的费用和佣金（Hunt et al.，2018）。互联网和移动客户端的应用使零工和客户直接相连，大大降低了交易成本（Atmor，2017），也就是科斯在《企业的性质》一书中提到的"市场上发现相对价格的成本"（威廉姆森、温特，2010）。一个成功市场最重要的目标就是将有交易需求的市场参与者聚集起来，这样有助于他们发现最佳的聚集机会（罗斯，2015），互联网和移动客户端等科技手段在这里就成为"聚集"的平台。在平台上，劳动力个体以独立项目为内容，与消费者签订临时任务合同，临时的音乐即兴表演就是其中一种形式（Sanders and Pattison，2016）。此外，我们在生活中看到的 Uber、TaskRabbit 等在线平台也是比较典型的例子，它们通过网络技术建立司机等劳动者和潜在客户之间的链接（Thomas，2018）。区别于传统企业雇佣模式，劳动力个体通过数字化的市场来提供对应需求的工作或服务，扮演自我雇佣、自由职业者而非传统雇员的角色，属于非正规劳动力（Wordsworth，2016）。

至此，在零工劳动力市场上，传统意义上的正式雇佣关系已经被新型的"工作关系"所取代，企业和劳动力个体表现出自由性、灵活性特征。这种"自由性"和"灵活性"主要体现在两个方面：一方面，工人对工作时间、工作内容等具有自我控制、决定权（Atmor，2017）；另一方面，企业无须为工人花费管理费用，也无须提供相关的保险和福利（Thompson，2018）。

泰勒（2007）在《科学管理原理》一书中主张用提拔、晋升等手段提高员工的满意度和忠诚度，进而达到企业和员工最终目标的一致性，即企业利润增加。而晋升等人力资源管理途径只存在于科层制企业中，科层制有设计精密、复杂的管理流程，在工业经济时代大规模生产中能够有效促进生产率和企业经济效益的提高。但是在零工经济时代，复杂的流程会大大降低企业的管理效率和生产效率，限制企业自身的发展速度。在互联网时代，面对多样、多变、大量的市场需求，对企业来说，去中心化管理模式才能更好地节约企业管理成本，提高运营和生产效率；对员工来说，去中心化管理模式使他们获得了对整个工作过程的控制权和自主权，无疑会在提高工作满意度的同时，促进自我价值的实现。然而，去中心化管理模式依然有一些弊端。由于企业无须向劳动者提供社保、福利、津贴等，大部分低技能、低收入零工的生活就无法保障，长期下去不利于零工、企业的发展，甚至会影响整个社会的发展和稳定。应该看到，并非所有的零工都需要来自企业的保障，对于高技能、高收入人群来说，社保的意义就不明显。此外，"倘若工作、交易等过程没有来自顶层的管控，这种'自下而上'的控制手段很可能丧失效力，甚至停滞不前。若没有某种领导力的存在，下层劳动者很容易在诸多选择面前丧失工作的动力"（凯利，2014）。

5.4 零工经济与各经济模式的比较

到这里，我们可以回答一个大家比较疑惑的问题：数字经济、新经济、平台经济、共享经济、零工经济的区别和联系是什么？

这些经济模式/范式归根结底都得益于新兴数字技术的产生、发展、应用和普及，都是数字经济时代实现资源优化配置的有效机制，都在微观上改变了人们的工作、生活、交往等方式，在宏观上影响了一国、区域乃至世界的社会、政治、经济和文化各领域。然而，不可否认的是，这些概念各自强调的内容是有一定差异的。

此处所提到的"新经济"即广义的新经济，是一段较长时间内经济持续快速发展、鼓励创新的良性运行状态，以GDP的强势增长、生产率和利润率的显著提高、通货膨胀率和失业率的大幅降低为主要特征。"新经济"概念强调一个"新"字，即一种在经济模式具体实现方式和结果、带来的影响以及影响涉及的领域、参与的主体等方面，相对于"旧"而言的一种"新"的状态。

"数字经济""平台经济"这两个概念强调经济范式中使用的工具和媒介。前者是广义的数字技术，包括但不限于互联网、信息交流技术、大数据等新兴数字技术；后者是数字技术中的数字平台和客户端等。平台经济属于数字经济范畴，是数字经济的表现形式之一。

此外，共享经济和零工经济同样也是数字经济的不同表现形式。其中，"共享经济"概念强调实现经济模式的手段和方式——共享，因为它同样需要借助平台实现，所以共享经济属于平台经济范畴；"零工经济"

概念则更侧重对数字工作市场内容和要素的探讨，包括工作市场的参与主体、工作内容、工作方式等问题，旨在实现数字经济时代人力资本的优化配置。

综上所述，"零工经济"概念在强调的内容上有别于新经济、平台经济和共享经济，数字技术在其中的辐射范围也窄于其他经济模式，其目的主要是实现数字工作市场中人力资本的优化配置。

5.5　小结

科斯认为，在工业经济时代，由于受到市场不确定性、信息不对称、税收和政策等因素的影响，相对价格的发现需要成本，价格的资源配置效能并不能得到有效发挥。劳动力个体为了节约交易成本、提高利润率和生产效率而聚集起来，于是，企业应运而生。所以，传统企业是替代（科斯认为是替代，我们认为是互补和共存）价格的一种资源配置机制。科斯的理论基于新古典经济学的一系列前提和假设：将劳动力视为一种商品和生产要素，劳动者是不存在异质性的、追求自身利益最大化的理性经济人，工业分工越来越细化等。此外，在第二次工业革命时期，电器的发明和使用极大地促进了工业的规模化生产。

在数字经济时代，信息科技飞速发展，互联网诞生并普及，社会、政治、经济、文化等条件发生了巨大变化，以网络平台和移动客户端为载体的零工经济成为近年来各界关注的一种新兴经济模式。我们认为，与"企业"存在的意义异曲同工，零工经济是互联网时代一种同企业与价格机制互补、共存，有效节约成本、提高效率，实现资源配置的新机制。它主要有四个特征：岗位解构化、去雇佣化、劳动者资本化、企业管理去中心化。

凯利（2014）在《新经济 新规则》一书中提到，"我们的社会机制，特别是新经济机制，将慢慢服从于网络的逻辑"，零工经济作为新经济机制的一种，"网络逻辑"深深嵌入其中。互联网在其中发挥的作用至关重要，直接影响其资源配置功能的有效性。但是，现今的网络建设和使用仍不成熟，存在以下问题：

首先，如何保持市场稠密度的问题。网络和移动客户端的使用依旧有一定的门槛，这导致部分群体（如老年人、低文化者等）的参与受限，致使零工劳动力市场的稠密度在某些情况下无法得到保证。衡量一个市场成功与否，就看它能否把愿意交易的市场参与者聚集起来，形成一定的市场稠密度。在市场稠密度得到保障的前提下，参与个体才有可能获得"绝佳的交易机会"。所以，各地政府和企业要优先建设网络基础设施，不断简化网络和移动客户端的使用方法，让更多的人能参与零工经济，以保持零工劳动力市场的稠密度（罗斯，2015）。

其次，如何解决市场"阻塞"的问题。稠密度高的市场可能要面对"阻塞"问题，市场越稠密，选择范围越广，市场参与者花费在评估、选择和完成交易上的时间就越多（罗斯，2015）。因此，各地必须加强平台信息化数字处理中心建设，不断完善参与者偏好预测功能。只有这样，人们才能利用这些偏好信息更好地做出决策，避免市场"阻塞"。

再次，如何保障网络安全性的问题。网络安全性若得不到保障，人们对零工市场的信任度就会受到影响。保障网络安全性是市场设计要面对的问题，这个问题由来已久，只是在网络时代尤为突出。只有让零工市场参与者感受到"安全"，才能提高他们对市场的信任度和参与度。零工市场参与者在交易过程中所面对的往往是素未谋面、相隔千里的陌生人，没有完善的安全保障和隐私政策，供需双方很难建立彼此之间的信任。缺乏信任的零工市场参与者不愿透露自己的相关信息，市场效率就会受到影响，甚至使市场处于无效状态。例如，eBay、FreeMarket等平台在运行过程中，都很容易受到此类影响。FreeMarket是一个拍卖平台，如果参加拍卖的供应商拒绝透露例行折扣给竞争方，而且认为这样做有风险，那么拍卖就无法顺利进行（罗斯，2015）。所以，政府和企业要加强网络信息安全建设，加强对用户的隐私保护，以保持参与者对零工市场的信任度、黏性，保证零工市场健康、稳定发展。

最后，关于劳动者身份认定的问题。劳动者身份认定会直接影响相关的劳工保障、权益、义务等问题，是解决这一系列问题的基础。然而，身份认定是否对所有零工来说都很重要？我们认为，在数字经济的工作关系中，最需要担心的是劳动者工作缺乏连续性所带来的收入和福利保障不连续，而不是单纯的"劳动关系认定"问题。现在的关键之处在于面对这种劳动力市场、工作市场的结构性变化，政府、法律法规和企业应该如何进行改革。

此外，就本质而言，新经济、数字经济、平台经济、共享经济、零工经济都旨在实现资源的高效利用和优化配置，都基于数字技术并得益于全球化发展。它们的不同点在于其所强调的侧重点不一样：新经济强调的是一种广泛意义上的，相对于"旧"而言，从经济模式具体的实现方式和结果、带来的影响，到影响涉及的领域、参与的主体等各方面的"新"；数字经济、平台经济强调的是经济范式实现的具体工具，前者基于一切数字技术，后者主要基于网络平台和移动客户端；共享经济强调的是该经济模式实现的具体方式——共享，即便后来这一概念也被大大延展了；零工经济则更强调工作关系领域的内容。其中，零工经济和平台经济、共享经济都是数字经济的子集，属于数字经济的不同表现形式。

在理论上厘清了零工经济的内涵和外延之后，我们将在下一篇中，带领大家进入零工经济行业，通过理论联系实际，深入探索相关的行业实践。

第二篇

零工经济的行业实践

"早晨起床的第一杯咖啡、去公司乘坐的顺风车、中午叫的外卖、晚上在家中享受的美甲服务，有时间的话，偶尔屁股坐在家里打开电脑写点网络小说赚外快……"这是一个年轻的90后小白领的日常活动。你会惊奇地发现，零工经济在有形无形中已经与我们的生活、工作产生了千丝万缕的联系。在这个过程中，我们的身份不停地转换，时而是需求方的消费者，时而充当劳动供给者，而链接这一切的仅仅是一台电脑或一个手机客户端。这就是零工经济的神奇所在，它无处不在、如影随形。我们在前文中聊了那么多理论和学界研究成果，在本篇中，将带领大家关注行业本身，看看有哪些类型的零工经济。

在本篇中，我们将基于狭义的零工经济来对零工平台进行类别划分，并在此基础上为大家展开零工经济的行业实践图景。我们在进行类别划分时，只考虑"个体通过其人力资本的利用（也就是劳动）完成独立工作和任务换取报酬"的情况；广义的零工经济中单纯依靠分享物质等其他资本而不进行劳动来获取收入的经济模式（如Airbnb）在此处不予考虑。

鉴于人力资本在零工经济中的重要地位，我们从人力资本存量的角度出发，基于零工技能水平的高低将零工平台划分为基础技能平台、通用技能平台和专业技能平台。

OECD（2012）将"技能"定义为完成一项任务或活动所需的知识、特征与潜能的总和，一个国家在一定时间内具备的技能总和也就是该国的人力资本。该定义集中体现了新时期测量人力资本的核心指标是"技能"。早期的相关研究强调人力资本的后天习得性，认为先天能力不属于人力资本的范畴，但是现在的经济学研究中已经不再严格区分技能和能力了。由于零工就业中个体通常从事的是零散化、独立化的工作或任务，我们支持OECD对劳动者"技能"的定义，并将"平台零工技能"定义为"零工个体在平台完成一项任务、工作或者从事一项活动所需要的知识、特征和潜能的总和"。

联合国教科文组织在分析青年人的就业能力时，将技能分为基础技能

(foundation skills)、通用技能（transferable skills）、技术职业技能（technical and vocation skills）三类。基于联合国教科文组织对技能的分类标准（Kuczera et al.，2008），根据技术含量水平和专业化程度由低到高，我们将零工就业领域的新技能划分为以下三类（如图1所示）：基础技能、通用技能、专业技能。其中，基础技能是指技术含量水平和专业化程度都比较低，维持个体正常生活和普通工作所需要的技能，如外卖骑手所需要的技能；通用技能是指技术含量水平和专业化程度中等，涵盖了联合国教科文组织所提到的通用技能，也包括其他一切中等技术含量的技能，如网约车司机所需要的驾驶技能；专业技能则是技术含量水平和专业化程度比较高，包括一切高技术含量和高专业化的职业技能，如医生、律师、心理咨询师等职业所需要的技能。其中，基础技能和通用技能之间的差距不是很明显，拥有基础技能的劳动者通过简单的学习，通常就能掌握通用技能，但这二者与专业技能在技术含量水平和专业化程度上都存在较大的差距。

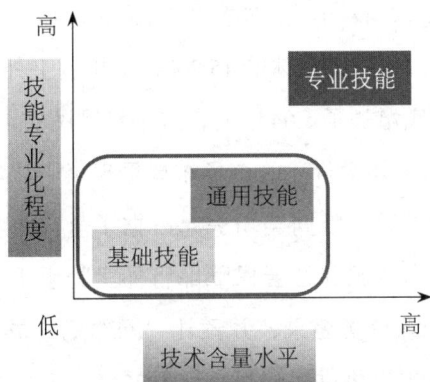

图1 零工就业领域的技能划分

此外，在基础技能、通用技能平台上，零工与消费者之间的角色转换可能比专业技能平台上的角色转换难度更低。技术含量水平和专业化程度要求越高的平台，零工与消费者之间的身份转换就越难。

第6章
基础技能平台：以网约配送平台为例

　　基础技能是指技术含量水平和专业化程度都比较低，维持个体正常生活和普通工作所需要的技能。最具代表性的基础技能平台是配送跑腿类平台，如外卖平台、闪送平台等。配送跑腿工作的技术含量水平和专业化程度都不高，准入门槛较低，参与方式简单灵活，一般来说，身体和年龄条件符合的普通人都可以参与并胜任，美团、饿了么、Deliveroo、Just Eats、TaskRabbit等网约配送、跑腿服务平台都属于此类。本章主要以外卖送餐平台为例，描述基础技能平台的行业和零工实践现状。

　　随着数字技术的发展和人们生活、用餐习惯的转变，零工经济中餐饮行业的市场份额越来越高。第52次《中国互联网络状况发展统计报告》显示，到2023年6月，我国网上外卖用户规模达4.88亿人，较2022年年底增长了1.04亿人，占网民总体的45.2%；手机网上外卖用户规模达4.86亿人，较2022年年底增长了1.04亿人，占手机网民的45.0%（中国互联网络信息中心，2023）。外卖行业的市场布局呈现集中化趋势，2017年，饿了么收购百度外卖以后，就同美团一起占据了全国外卖市场份额的90%以上。2019年，人力资源和社会保障部将外卖骑手正式明确为"网约配送员"，纳入国家职业分类名录，并预计"网约配送员"就业规模将超过1 000万人，其收入水平将进一步提高。2022年，我国餐饮外卖交易规模突破9 000亿元。外卖平台的发展不仅给餐饮行业带来了巨大的机遇，也为劳动者提供了大量工作机会。据《2022年美团骑手权益保障社会责任报告》统计，2022年，通过美团获得收入的骑手总数达624万人，比2021年增长了18.4%（美团研究院，2023）。

　　国内外的送餐平台有很多，美团和饿了么是国内最大的两家送餐平台，而 Deliveroo、Just Eats、Uber Eats、GrubHub 等则受到国外不同国家和地区人们的追捧。

6.1　美团外卖

美团外卖是美团网旗下的网约送餐平台，于 2013 年 11 月在中国正式上线，总部设在北京。该网站用户达 2.5 亿人，合作商户超过 200 万家，活跃配送骑手超过 50 万名，覆盖城市超过 1 300 个，日完成订单 2 100 多万单，以上数字还在不停地增长。美团外卖总交易额在 2017 年就已经达到 1 710 亿元。2019 年 6 月，美团旗下即时配送品牌"美团配送"与铁塔能源签署战略合作协议（齐鲁壹点，2018）。2020 年 1 月 26 日，新冠疫情期间，美团外卖率先推出了"无接触配送"，并迅速实现全国覆盖（中新网，2020）。之后，美团外卖在"无接触配送"的基础上升级推出"无接触安心送"。这是指在骑手和用户协商餐品放置指定位置、避免面对面接触的无接触配送基础上，将厨师、打包员、骑手的健康情况及餐箱消毒情况等安全防护信息，以商家端和配送端的"电子卡+实体卡"形式更透明地呈现给用户，在确保无接触的同时，实现全过程食品安全信息可视化、可追溯的安心配送模式（中新网，2020a）。2020 年 3 月，72 家北京市实体书店成为第一批进驻美团平台的示范企业，美团平台则给予这些书店免费入场、流量补贴等支持（新华网，2020）。2023 年 8 月，美团外卖宣布继续加强即时配送的合作生态建设，分别与顺丰同城、闪送、UU 跑腿达成合作，这是即时配送行业头部企业的首次广泛互联，旨在为商家打造更丰富的配送网络，为用户提供更快捷的配送服务，共建合作共赢的即时配送行业生态。美团外卖结合自有配送体系，与合作方一起为商家提供相关的保障服务，为商家和用户带来更好的配送体验（强亚铣，2023）。

美团网的主要功能模块有三大类：一是附近美食，用户可以通过美团

App 的定位功能，在该平台上搜索并选择离自己最近的美食配送商家，包括全国各地的特色美食；二是全新支持，用户可以通过客户端下单，购买附近超市的百货用品、药店的药品等；三是在线支付，下单后，用户可以直接在 App 上完成支付，该平台也会经常发放订餐优惠券。此外，美团平台承诺与其签约的餐厅出品干净卫生。该平台入驻商家众多，各种档次都有，能满足不同消费水平用户的不同用餐需求，包括但不限于中西式快餐、小吃、面包甜点、海鲜、火锅等。

6.2　饿了么

饿了么是中国国内另一大网约送餐平台。据饿了么官网介绍，饿了么于 2008 年创立于上海，是中国领先的本地生活平台，发展至今，已成为集餐饮、快消、百货、医药等交易品类及履约服务为一体的（"万物到家"）即时电商平台。饿了么致力于为用户提供"放心点、准时达"的即时电商服务，通过城市服务和商业设计的创新，不断提升消费者的生活服务保障水平和即时电商消费体验。

截至 2021 年，饿了么在线外卖平台就已经覆盖全国 670 个城市和逾千个县，在线餐厅 340 万家，用户量达 2.6 亿人。截至 2023 年 9 月，饿了么在线外卖平台上有约 400 万名活跃骑手。在饿了么的业绩持续高速增长的同时，其骑手总量也在迅速增加。

消费者利用饿了么客户端能够快速搜索附近的外卖，直接在线预订，该平台会在第一时间为消费者更新外卖的实时状态。消费者可以在该平台上看到其他人对服务、食品的点评和照片，自己也可以进行同样的操作，并且能收藏自己中意的食物或者商家，以便满足随时点餐的需求。此外，消费者还能享受该平台提供的用餐优惠券，该平台还经常举办打折活动。

6.3　Deliveroo、Just Eats、Grubhub

Deliveroo是目前英国最火的网约外卖平台之一，深受各界，特别是学生的喜爱。自2013年在伦敦成立以来，Deliveroo的业务已经覆盖欧洲、中东和东南亚的200多个城市（Timko and Melik，2021），具有广泛的影响力，被认为是"精益平台"（lean platform）。2023年上半年，Deliveroo的订单量达1.452亿单（国际商业新闻，2023）。Deliveroo不直接雇佣送货的零工，也不会在培训、设备等方面进行大量投资。用户从这里订KFC、Nandos、Five Guys、Bella Italia和Pho都很方便，但该平台只支持刷卡，不收现金。Deliveroo的配送费一般是3.75英镑，经常点外卖的消费者可以选择每个月付固定配送费，然后就可以免配送费（Gandini，2019）。

如果说Deliveroo是英国的一大外卖巨头，那么Just Eats就是能与其比肩的另一大外卖巨头。据Just Eats官网介绍，该公司最初在丹麦成立，业务现已遍布整个欧洲，甚至在很多小城市或郊区也能使用该平台。此外，该平台还推出了机器人配送业务，2016年12月，Just Eats的机器人配送在伦敦格林威治一家土耳其餐馆正式投入运营。该平台上的签约餐厅数量和食物种类非常多，消费者能够点到自己想吃的所有菜系，但是这些商家大多是规模比较小的小吃店、小餐馆。Just Eats的点餐步骤简单，消费者在应用程序端进行简单操作，就能完成下单和支付，支持现金到付。

区别于其他专业送餐平台，Uber Eats是Uber旗下的送餐平台，该平台上的商家向其用户提供食品，送餐任务由Uber司机来完成。Uber平台上的司机可以自行选择是否同时担任Uber Eats的送餐员，他们能够在完成每单配送任务后获得相应的酬劳。Uber于2014年在美国洛杉矶推出送餐业务，即Uber Eats。最初该平台只提供午餐配送服务，随后这一服务扩散到纽约、芝加哥等其他城市，甚至跨出国门，在西班牙、日本等国的城市提供服务，其业务范围也不再仅限于午餐。就像使用打车服务一样，用户可以通过手机客户端时刻了解所订食品的配送进度。在亚洲，Uber Eats 很受日本消费者的欢迎，占据了日本同业相当一部分市场份额。Uber Eats 于 2016 年最后一个季度在日本开展业务，当时该平台只有 150 多家餐厅（Rothenberg，2016）。截至 2020 年 2 月，该平台的签约餐厅已达 1 7000 多家。即使受到新冠疫情的影响，在 2020 年 3 月的一个月内，餐厅数量就增加了 3 000 家（Kyodo News，2020）。根据 Uber Eats 日本官网的统计，Uber Eats 目前在日本的 27 个城市运营，拥有 15 000 多名送货员。

美国的送餐平台 Grubhub 实际上是 Grubhub 和 Seamless 两个平台合并而成的。Grubhub 成立于 2004 年，总部设在芝加哥，创立者是两个程序员，最初以校园为切入点打入平台餐饮外送领域。Seamless 成立时间更早，1999 年成立后便提供企业订餐服务。2013 年，这两家公司正式合并。消费者可以通过 Grubhub 网站或手机客户端，根据自己的位置和喜好进行餐馆搜索、下单并支付，然后，要求餐馆配送外卖（或者自己打包带走）。在这个过程中，"外卖追踪"功能实时更新外卖的位置和情况。对于该平台上的商户来说，Grubhub 为餐厅带来了更多的订单、更高的利润率和回报率，以及订单数据等有用信息。Grubhub 主要针对独立的店主自营餐厅（而不是连锁餐厅），这些餐厅约占美国餐厅份额的 61%，市场潜力非常大。Grubhub 的收入只来自餐厅，而不是个体消费者，而且餐厅有了订单之后 Grubhub 才收费，一般按订单金额向餐厅收取 10%~15% 的佣金，没有任何额外费用。此外，餐厅可以自愿付费，以获得更高的曝光率和更多的用户量。该平台通过数据挖掘，累积了丰富的数据资源并用于优化服务。例如，通过顾客过往的订单来分析其喜好，并为顾客和餐厅分别提供餐饮或餐厅配送建议（网经社，2021）。

在当前多元化的餐饮配送领域，尽管国内外不同的送餐平台在细微操作流程上各有千秋，但是从宏观视角审视，其核心劳动流程呈现出高度的趋同性，这一点在 Goods 等（2019）以及郑祁等（2020）的研究中均得到了详尽的阐述。具体而言，这一标准化流程始于骑手通过专用的外卖App登录其个人账户，随后骑手执行一系列预设的操作步骤，以此向系统发送明确的信号，标志着骑手已经整装待发，随时准备投身于紧张的配送任务之中。

当消费者通过面向大众的客户端App提交订单后，这一需求信息会即刻被平台捕捉并处理，随后通过内置的即时通信功能，以推送通知的形式迅速传达给处于待命状态的骑手。在此过程中，骑手享有充分的自主权，可以根据个人状态、路线规划、交通状况等因素，自主决定是否接受这一配送任务。然而，值得注意的是，在最初接收到的订单通知中，骑手仅能获得取餐的精确位置信息，关于送餐目的地的详情则仍处于保密状态。这种信息获取的不完整性无疑在一定程度上限制了骑手基于个人实际条件做出最合理、周全接单决策的能力。

一旦骑手决定承接任务，他们便踏上了前往指定餐厅的路途，在那里，他们需要完成食物的领取与检查工作，确保所有餐品均已按照客户的要求妥善打包，而且质量有保障。只有当骑手确认所有准备工作均已就绪时，系统才会解锁送餐地址信息，为接下来的配送环节提供必要的指引。此后，骑手便肩负着将温暖与美味传递给顾客的重任，穿梭于城市的大街小巷，直至最终抵达那个承载着期待与满足的送餐地点。这一刻不仅是对顾客耐心等待的完美回应，也是骑手在整个劳动流程中获得报酬、实现价值转换的关键节点。

整个外卖配送工作流程从开始到结束，都深深植根于平台的应用程序和先进的导航软件之中，这两大技术支柱共同构建起骑手们高效运作的基石。尽管平台通过先进的技术手段对整个配送过程实施严密的监控与管理，确保服务的流畅与高效，但平台同样尊重并赋予骑手在路线规划上一定的自主权。这就意味着在遵循基本配送规则的前提下，骑手可以根据自己的经验、对路况的判断以及个人偏好，灵活地选择最为适宜的交付路线。这一设计既体现了平台的人性化管理，也激发了骑手的工作积极性与创造力。

然而，外卖配送之路并不总是一帆风顺的。骑手们穿梭于城市的大街小巷，不仅要面对交通拥堵、突发事故等不可预测的交通风险，还需经受住恶劣天气的考验，无论是炎炎夏日的酷热，还是寒冬腊月的刺骨寒风，都成为他们工作中不可或缺的一部分。更为复杂的是，骑手们还要应对焦急等待的客户，以及随之而来的时间压力。在这种高压环境下，如何冷静、高效地完成每一次配送任务，成为骑手们必须面对的挑战。

为了确保服务质量，平台采用了一套科学而全面的评估体系，该体系主要依赖应用程序中的一系列关键指标，包括但不限于客户满意度评分、骑手的接单频率、取消订单的频率，以及送餐途中的平均速度评分等。这些指标如同一面镜子，真实反映了骑手的工作表现与服务质量。通过运用 Rosenblat 和 Stark（2016）以及郑祁等（2020）所提及的"算法管理"，平台能够对骑手的整个工作流程进行持续跟踪、监控与精准评估。这一机制不仅为平台提供了优化服务、提升效率的依据，也为骑手们设定了明确的工作标准，使得平台能够根据骑手的综合表现，适时进行调整，包括暂停或终止某些骑手的工作权限，以确保整体服务质量的稳定与提升。

综上所述，外卖配送工作不仅是一项技术与体力的双重挑战，更是一场对骑手综合素质与应变能力的全方位考验。在平台的精心管理与骑手的辛勤付出下，这份看似简单的工作正以其独特的方式，为城市的便捷生活贡献出不可或缺的力量。

第7章

通用技能平台：以网约车平台为例

通用技能是指技术含量水平和专业化程度高于基础但低于专业的技能，涵盖了联合国教科文组织所提出的通用技能，也包括其他一切中等技术含量的技能，如网约车司机所需要的驾驶技能就属于通用技能。通用技能平台包括一些基础技能任务外包平台和消费服务平台等。

"衣食住行"中的"行"几乎是每个人每天都要面对的问题，特别是在较大的城市，高峰时期交通拥堵、非高峰时期车辆空载现象形成了巨大的反差。为什么不能多人共享一辆汽车呢？这样就能在减少拥堵和降低汽车空载率的同时，保护环境。以共享实现资源利用最大化——以"使用"替代"所有"——便是网约车产生的初衷。随着越来越多的人涌入网约车平台，私车共享逐渐演变为一种获取收入和报酬的行为，而开网约车也变为一种"工作"，以开网约车为"工作"的零工群体（网约车司机）便出现了。本章以网约车平台为例，包括滴滴、Uber、Blablacar（前两者是短途网约车平台，Blablacar为长途拼车平台），描述通用技能平台的行业和零工实践现状。。

7.1 滴滴出行

滴滴出行的前身是成立于2012年的滴滴打车，2015年才正式更名为"滴滴出行"。自成立以来，秉承"让出行更美好"愿景的滴滴出行发展迅速，2016年对Uber（中国）的收购使得"滴滴出行"的估值高达350亿美元，而在当时它还是一个成立仅4年的年轻公司。目前，滴滴为全国数百个城市的4亿多用户提供多元化的出行服务。近几年来，滴滴的业务范围也从中国国内市场向国际市场拓展，覆盖了亚太、拉美、俄罗斯和南非等多个国家和地区。

基于中国互联网创新战略，滴滴倡导"共享"和不同社群及行业内伙伴协作互补，利用以大数据为基础的深度学习技术去解决出行、环保问题，旨在提升用户的体验，创造社会价值，强调可持续发展，同时也强调"社群协作"的重要性（滴滴，2024）。萨丹拉彻（2017）认为，滴滴之所以能在抵御实力雄厚的Uber挑战的同时，又具有迅速的多样化反应能力，完全得益于滴滴的企业文化强调社交型和竞争性的结合。当然，除了协作功能以外，滴滴创始人（董事长兼CEO）程维表示，当时成立该公司的初衷是"在不增加车辆的情况下，让更多的人可以方便地出行"（萨丹拉彻，2017）。这也体现了滴滴通过"共享"来最大限度地利用过剩产能的理念。

滴滴作为数字出行领域的佼佼者，不仅以其便捷的服务为广大用户带来了前所未有的出行便利，更在无形中为车主、司机群体开辟了一片灵活工作与获取收入的新天地。根据电商报2023年的数据，截至2023年3月，滴滴在全球范围内已拥有超过2 300万名活跃司机，仅在中国的出行业务便覆盖了1 900多万人次。滴滴自豪地宣称，其在"灵活就业"领域做出了显著贡献，但是在这里，我们需要细致地辨析"就业"与滴滴所提供的工作机会之间的微妙差异。

在传统语境中，"就业"一词往往意味着劳动者在某一固定岗位上的长期稳定工作，伴随着明确的雇佣关系与职业身份。然而，在滴滴平台上，有大量的顺风车与快车司机，他们中的许多人并不是全职的，只是将驾驶作为兼职或副业，以此来增加收入、充实生活。因此，若以传统的"就业"标准来衡量，这部分司机并不完全符合"就业"的定义。在零工经济中，岗位被细化为一个个具体的任务与项目，司机们不再被束缚于某一固定岗位，而是根据自身的时间与能力，在平台上自由选择接单，以实现工作与生活的灵活平衡。

滴滴所解决的其实是一个更为宽泛的"工作"问题，而非狭义的"就业"问题。在这一新型经济模式下，个人不再受限于单一的职业身份，而是能够跨越不同领域与平台，身兼数职，为多个雇主服务。这一现象恰如其分地体现了"Slash"（斜杠）文化的精髓，"斜杠青年"就是指拥有多重职业身份与技能、活跃于多个领域的人。他们可能是滴滴司机，同时也是某平台的自由撰稿人，或者是某家网店的店主，生活因为多元而精彩，收入因为工作灵活而丰盈。

回顾往昔，当滴滴与快滴、Uber等竞争对手并存时，司机们拥有了前所未有的选择权，他们可以在多个平台自由切换，寻找适合自己的订单与收入模式。这种变化不仅打破了传统劳动关系的束缚，更让司机们重新审视"保持特定劳动关系"的必要性，转而追求更加自由、灵活的工作方式。

综上所述，滴滴在推动零工经济发展方面发挥了不可小觑的作用，它不仅为用户提供便捷的出行服务，更为司机群体搭建了一个充满无限可能的灵活工作舞台。在这个舞台上，每个人都可以成为自己职业生涯的导演，用"斜杠"书写属于自己的多彩人生。

7.2　Uber

Uber（优步）是一家在美国硅谷注册的网约车公司，该公司自2009年成立以来，发展迅速，在16个月内实现了10亿美元的年化总预订量。秉承"为城市喝彩"（Celebrate the City）的价值观，希望通过技术提升城市运行效率的Uber已在全球70多个国家和地区的1万余座城市中运行（Uber，2024）。据Uber官方最新统计数据，Uber平台上的用户已达1.49亿人次（Uber，2024）。

2010年，Uber在美国旧金山正式推出 Uber BLACK，这是其第一个 App版本，主营高端打车业务。自从在美国推出以来，Uber的业务呈指数级增长。对于零工个体来说，与Uber建立合作后，就有资格自由选择自己的上线和服务时间（Hall and Krueger，2018），何时访问该应用程序以及何时使用该应用程序进行服务，完全取决于司机个人的主观需求和判断。这种时间上的灵活性吸引了大量加入者。据统计，从2012年中期到2015年年底，美国有超过46万名活跃司机，平均每6个月活跃司机数量大约增加一倍（Hall and Krueger，2018）。根据最新统计数据，目前活跃司机约有710万名（Uber，2024）

2011年年底，Uber在法国巴黎试点，开始拓展其海外业务（凤凰科技，2015）。2012年，Uber在芝加哥推出低价预约传统出租车服务，并于当年正式进驻伦敦（Uber，2021）。2013年年初，Uber开始进入亚洲市场，第一站选择了新加坡；同年，Uber进驻拉丁美洲的墨西哥城和非洲的约翰内斯堡，以此打开了拉美、非洲市场（Uber，2021）。

2014年3月，Uber在上海宣布正式进入中国大陆市场，确定了其中文名"优步"，并与支付宝达成合作（新浪网，2014）。同年10月，Uber推出"人民优步（people's Uber）"，与百度签订战略合作、投资协议，双方建立了全球范围内的战略合作伙伴关系（新浪网，2014）。截至2016年，该公司已成功在中国60多个城市运营。相关数据显示，2015年1月至2016年4月，该平台活跃司机和注册乘客数量月均增长率分别高达44.2%和31.0%（中国人民大学劳动人事学院，2016）。

2016年8月，滴滴宣布收购Uber（中国）在中国大陆运营的全部资产，但依旧保持Uber（中国）的独立运营（吴涛，2016）。虽然在中国大陆被收购，但Uber在亚洲其他地区运营良好，特别是在日本，包括青森、宫城、福岛在内的很多县，Uber都在运营，为顾客提供基于人工智能技术的打车服务（赖荣鸿，2018）。

2018年，Uber推出 Uber Health，通过该服务，医院和医生能够帮助病人进行乘车预订（新浪网，2018）。同年9月，Uber又推出交通状况预测功能（腾讯科技，2018）。2019年，Uber以31亿美元的高价收购了Careem（一家总部位于迪拜的共享出行公司）（新浪网，2019），并与阿里巴巴、Twitter和Facebook共同成立了名为"Presto"的基金会，旨在更好地进行大规模分布式数据处理（新浪网，2019a）。2020年，Uber完成了对中东和北非市场打车业务Careem的收购，并收购了美国外卖和配送平台Postmates；同时，Uber开展商超配送业务，收购了Routematch。2020年，Uber以1.7亿美元领投美国最大的电动滑板车和自行车共享平台Lime，并收购共享单车公司JUMP，为用户提供更多的出行选择，同时也为城市提供更环保、更高效的交通解决方案（Zhudy，2020）。

在Uber平台上，司机的工作流程高度系统化，其运作机制如下：乘客利用智能手机客户端发起行程订单，这一需求随即被该平台捕捉并处理。该平台通过复杂的算法，将乘客的需求与附近司机的状态进行精准匹配，随后通过系统向最合适的司机发送"派单"通知。司机接到订单后，要立即前往指定的地点接载乘客，并严格按照该平台提供的最优路线行驶，确保行程高效、安全。在此过程中，该平台不仅会实时监控司机的行驶路线，还会对司机的服务态度、服务行为及语言交流等多个维度进行严格的监督与管理，旨在提供最优质的服务体验。

服务圆满结束后，乘客将费用直接支付给该平台，该平台在扣除必要的手续费后，允许司机进行提现操作。此外，乘客还可以通过客户端的评价系统对司机的整体表现打分，这一评分结果不仅是衡量司机服务质量的重要标尺，也是该平台后续对司机进行奖励或惩处的重要依据（王琦等，2018）。从治理模式视角看，Uber无疑是一个典型的管理型平台，其在角色定位上更接近于传统的雇主。司机的整个工作流程——从接单到服务结束——都处在该平台和客户的双重监管之下。该平台对司机的劳动过程设定了严格的标准与要求，而客户则通过评分机制等手段对司机的服务进行进一步监督与控制。类似的治理模式在滴滴出行等网约车平台同样可以看到。

　　值得注意的是，部分网约车平台为了进一步保障服务质量，还为旗下的司机购买了保险、提供了专业的培训，并对表现优秀的司机进行表彰和奖励。虽然这些举措表面上看起来是平台对司机的额外关照，但实际上是传统雇佣关系的延伸，是平台在履行传统雇佣关系下雇主应尽的义务。尽管网约车司机的工作表面上看似"灵活"，但实际上并没有那么自由。一旦司机在平台上注册并上线，他们的整个工作过程都将受到平台的严密监控。从服务态度、语言交流到服务姿势，司机都要严格按照平台的要求进行，以确保服务标准化与高质量。此外，随着平台运营策略逐渐成熟，大多数平台开始加大对平台零工的控制力度。过去，司机们还可以通过"抢单"的方式自主选择订单，而现在，大多数平台都采用了"派单"方式，由平台直接为司机分配任务。

　　因此，平台为司机提供的保险、培训、补偿和奖励等，实际上都是与其对司机的"控制"并行的。这些举措不仅体现了传统雇佣关系下雇主的义务和权利，也进一步强化了司机作为传统雇佣关系下雇员的身份认同（郑祁，2021）。在数字经济浪潮下，网约车平台与司机之间的关系正在经历着深刻的变革，但无论如何变化，平台对司机的严格管理与控制，以及司机对平台的依赖与服从，都使得这种关系在某种程度上呈现出传统雇佣关系的特征。

7.3　BlaBlaCar

　　据 BlaBlaCar 官网介绍，BlaBlaCar 是世界领先的长途拼车平台，2021年，其业务覆盖22个国家和地区的 9 000 万名司机及用户。该平台帮助有长途旅行需求的乘客同与其路线一致的司机建立联系，乘客能够通过平台快捷、安全地分摊乘车花费（蔡斯，2015）。与 Uber、滴滴不同，

BlaBlaCar专营长途拼车服务，不提供叫出租车或专车等其他服务。该平台价格合理，使用方便且对用户友好。该平台提出"哪里有路，哪里就有BlaBlaCar"的口号，努力成为长途拼车出行的首选市场。

2003年，其创始人Fred想圣诞节回法国乡下与家人团聚，却苦于所有的火车票都买不到，只能乞求他姐姐接他一起回家。在路上，Fred注意到独自一人驾驶汽车的情况很多。他意识到，其实汽车上所有空座位都能被利用起来。Fred、Francis和Nicolas三人带着这个简单的想法，于2006年在法国巴黎共同创立了BlaBlaCar。2021年，该公司已拥有9 000万用户。虽然该公司需要运载数量庞大的乘客，却并没有产生增量污染，很多员工都有绿色证书。需要拼车的人只需把自己要走的路线和出发时间输入该平台，该平台就会根据行车里程和油费计算出每个座位的建议价格。当座位的价格可以抵消汽油成本时，车上的乘客就能够享受到车主汽车保险的保障，而且车主所获得的酬劳都是免税的。该公司成功地将每一辆车的载客率从1.7人提高到2.8人，大大提高了资源的利用率和有效性，这也是其创始人Fred的初衷：最大限度利用过剩产能以提高资源利用率，实现环保价值（斯特凡尼，2016）。同样重要的是，该平台给汽车拥有者提供了工作的机会，节约了资源，且带来了额外收入。

BlaBlaCar作为拼车出行领域的先锋，以其独特的业务模式在解决就业问题上展现出非凡的潜力。在这个平台上，车主与司机能够根据自身的时间安排和行程规划，灵活地参与到长途拼车服务中，不仅为乘客提供了便捷、经济的出行选择，也为自己开辟了一条赚取额外收入的途径。这种模式打破了传统全职工作的界限，使许多车主和司机能够在不影响主业的前提下，利用空闲时间和车辆资源，参与到这一充满活力的共享经济中来。最新数据统计，在法国、西班牙、意大利、波兰、德国、葡萄牙等22个国家，无论一个人身处哪个角落，只要拥有驾驶技能和一辆可用的汽车，都可以成为BlaBlaCar平台上的一员，享受该平台带来的灵活就业机会。这种跨越地理界限的就业模式不仅促进了就业市场的多元化，也让更多人有机会将自己的技能和资源转化为实际的经济收益。

　　当然，BlaBlaCar在推动就业多元化的同时，也面临着一些挑战。如何在保证服务质量的同时，提高平台的匹配效率，降低空驶率，是该平台持续优化和创新的重要方向。同时，保障乘客和司机的安全，构建和谐的出行环境，也是BlaBlaCar不可推卸的责任。

第 8 章

专业技能平台：以医疗平台为例

零工经济已经进入我们日常生活的各个方面，其中不乏专业技能人士（如医生和律师）。专业技能是指技术含量水平和专业化程度比较高的技能。相较于基础技能和通用技能，专业技能在技术含量水平和专业化程度上都要高出很多，医生、律师、心理咨询师等职业所具备的技能都属此类。本章我们主要以在线医疗平台（春雨医生、好大夫在线、Doctor On Demand、ZocDoc）为例。

世界范围内普遍存在医疗资源缺乏和分配不均的问题，特别是经济欠发达地区，这些地区的患者在接收医疗保健信息、获得医疗决策支持以及与经验丰富的医生互动方面存在很多困难（Lu et al., 2011）。经济状况较好的大城市人群通常拥有更多的医生和医疗资源，鲜少有人愿意在农村或偏远地区当医生。此外，决策者越来越意识到为患者开发更多无障碍诊疗方法的重要性（Irizarry et al., 2015）。随着信息和通信技术的发展，医疗平台开始进入大众的视野，为患者和医生之间的交流建立了直接、高效的渠道（Yang et al., 2015）。除了通过医生、家庭、电视和广播等传统渠道来寻找医疗保健信息外，数字平台也成为人们获得医疗信息的重要来源（Beaudoin and Hong, 2011; Johnston et al., 2013）。简单来说，就是患者在平台上发布其健康状况和所要咨询的问题，医生可以据此诊断患者的疾病并提出建议（Lu et al., 2011）。由于具有成本效益，且有较高的灵活性和便利性等独特优势，因此，人们越来越多地关注医疗平台（Jung and Padman, 2014）。此外，医疗平台可以加强医患之间的沟通，提高患者的医疗保健效率，优化医疗保健服务流程，更好地分配医疗保健资源（Deng et al., 2015; Johnston et al., 2013）。

2010年萌芽、2013年起步、2016年出现第一个高点、2019年辅助定位，一直到2020年新冠疫情下一系列鼓励政策的出台和落地，我国的互联网医疗也历经了10年的沉浮（安永，2021）。中国庞大的人口基数和老龄化趋势，使得高质量医疗服务存在很大缺口，医疗资源错配问题越来越严重，而互联网却能实现提高效率和资源优化配置的目的（安永，2021）。

患者不仅可以通过医疗平台获取有关疾病和治疗的知识、信息（Yang et al.，2015），还能获得情感支持和线下服务（Yan and Tan，2014）。因此，医疗平台在个人隐私保护（匿名）、社交支持和互动性以及信息呈现的丰富度等方面表现出优于传统医疗的优势（Johnston et al.，2013；Yan and Tan，2014）。

通常情况下，在单纯提供在线咨询的平台上（如Doctor On Demand），患者的咨询过程可以分为三个阶段：诊前的信息搜索、诊中的评估和决策、诊后的咨询和评估。在诊前的信息搜索阶段，患者需要在浏览器或某些平台客户端搜索与其相关的疾病。当患者选定平台后，平台将向他们显示医生名单列表，医师的主页（包括他们的基本信息和历史咨询记录）也将链接到该名单列表上。在诊中的评估和决策阶段，患者根据自己对医生信息的评估决定是否在平台上进行咨询以及具体咨询哪位医生。当患者确定了平台上的咨询医生时，平台会要求其向医生提出咨询问题及疾病或身体状况等相关信息，医生会做出专业的反馈。在诊后的咨询和评估阶段，患者可以对咨询过程以及他们咨询的医生打分（Yang et al.，2015）。

此外，还有线上线下相结合的医疗平台，如春雨医生、好大夫在线等。2018年9月，国家卫生健康委要求线上诊疗"不得复诊，只能首诊"（安永，2021）。在诊前阶段，患者可以在平台输入自己的病症信息，搜索适合自己病症的距离最近的医生，找到该医生进行线下首诊。此阶段将传统的选医院、选科室、选医生等一系列难题简化成一个搜索的步骤。首诊之后的复诊、咨询、评价以及开方、支付等步骤都可以通过线上系统完成，形成了一个完整的闭环。

8.1 春雨医生

春雨医生是 2011 年成立的线上线下相结合的健康咨询服务平台，原名"春雨掌上医生"。该平台致力于利用移动互联网等科技手段帮助人们掌握健康、延缓衰老、治疗病痛，努力建立一个更自由的生态，让病患在获得健康的同时，有效解决"看病难、药价高、保险亏"等问题（春雨医生，2021）。目前，春雨医生已经成为国内为数不多的大型在线医疗服务提供方、平台方和赋能平台，为患者提供包括信息、诊疗和数据的全方位服务，让越来越多的医疗服务类型合规地通过互联网方便地提供给患者（春雨医生，2021）。截至 2022 年 5 月，该平台已积累 1.5 亿用户，超过 66 万名公立医院执业医师入驻，累计服务患者超 4 亿人次，积累了 3 亿多条健康档案数据，日均问诊量超过 39 万次（春雨医生，2024）。

2011 年 11 月，该平台主产品——春雨医生 App 正式上线，以真实临床医生手机接诊，涵盖全科（春雨医生，2021）。该平台业务以在线问诊为主，推出了"轻问诊"服务，主要是指病患通过客户端或网络，描述自己的症状，该平台根据信息为病患分配相关科室的医生；医生会主动对接客户，并与其以文字、图片、语音等方式交流。在给出相应的治疗建议后，一方面，医生会在 24 小时内向病患询问相关情况；另一方面，客户可以通过客户端的评分机制对医生进行评价。"轻问诊"服务借助该平台实现了医生资源和病患需求的对接。除了纯线上业务以外，春雨医生也走到了线下，尝试构建全国性的互联网+医院服务网络，将业务范围从在线"看病"升级到线下"治病"，把线上咨询的病患引流到线下的实体医院（中国产业研究院，2020）。在这个过程中，春雨医生为病患建立电子健康档案，追踪其病愈情况和健康状况。"春雨健康小站"是建立在居民社区、学校、企业等场景的小型智能化健康管理中心，连通该平台医生、医院资源和当地三甲医院（医联体），可以为居民、员工、学生提供健康监测、癌症筛查、家庭医生、挂号转诊、医药到家、慢病管理等一系列服务（中国产业研究院，2020）。

自成立以来，春雨医生始终坚持以用户为中心，倡导"患者赋权"，用移动科技服务医患，先后开创了在线问诊、空中医院、家庭医生、开放平台、互联网医院和社区健康小站等互联网医疗服务模式，探索出了24类慢病管理360度整体解决方案，确立了5A互联网诊疗标准（中国产业研究院，2020）。

该平台搭建了围绕"速度、专业度、服务态度"标准的在线问诊服务质量控制体系。在AI与大数据应用方面，该平台建立了3分钟智能接诊、春雨智能大脑辅诊系统。春雨医生在线问诊服务体系不断延伸，先后接入百度、华为、泰康、阳光保险等千余家合作方，除了在线问诊，还为用户提供健康咨询、分级诊疗、绿色通道、诊间陪护、慢病管理、送药上门、出国医疗和健康险等全图谱式服务（中国产业研究院，2020）。

8.2　好大夫在线

好大夫在线也是我国领先的线上线下相结合的健康咨询服务平台之一，创立于2006年。该平台提供医院/医生信息查询、图文问诊、电话问诊、远程视频门诊、门诊精准预约、诊后疾病管理、家庭医生、疾病知识科普等多领域服务（好大夫在线，2021）。好大夫在线拥有庞大且优质的医生群体，截至2020年年底，该平台累计收录了国内9 636家正规医院的78万名医生信息。其中，23万名医生为实名注册，直接向患者提供线上医疗服务，三甲医院的医生比例高达73%（中国产业研究院，2020）。该平台发展迅速，最新数据显示，截至2024年1月，好大夫在线平台已服务了8 700多万名患者，该平台医生已经增长至27万名。在2023年全年，该平台上的医生共提供了4 990万次图文问诊服务和81万次电话问诊服务（刘喜梅，2024）。

用户可以通过该平台客户端、网站、微信公众号、小程序等多种方式，直接与该平台活跃医生联系，一站式解决线上咨询、线下就诊等问题。2020年12月，好大夫在线已累计服务超过6 800万名患者（中国产业研究院，2020）。好大夫在线也积极推动在线诊疗的发展。2016年，该平台在宁夏回族自治区建立了网上诊疗试点——银川智慧互联网医院，在西部地区进行"互联网+医疗健康"探索。好大夫在线强调其拒绝以追求短期获利为目标但可能对患者利益有伤害的模式。近年来，其营业规模增长迅速，持续受到资本市场的支持，投资方包括但不限于小米、联创策源、DCM、挚信、崇德、腾讯（好大夫在线，2021）。

好大夫在线业务类型广泛，涵盖了诊前、诊中、诊后各阶段，主要包括（中国产业研究院，2020）：医院/医生信息查询（患者可以通过好大夫在线查询医院/医生的专长、患者评价及出诊信息，以便患者根据自己的病情，选择合适的医院/医生，并根据医生的门诊信息合理安排行程）；图文问诊、电话问诊（患者可以通过好大夫在线，与医生进行网上沟通、电话沟通等。医生可以根据患者提交的病情资料和问诊信息，给患者提供合理的咨询建议或诊疗方案，减少患者往返奔波的时间成本和经济成本）；远程专家门诊（患者可以在当地医生的帮助下，找北京、上海等地的知名专家通过网络视频看病，由专家为患者出具诊疗方案，并由当地医生在本地实施治疗）；门诊精准预约（该平台根据患者的病情和医生的专长进行精准匹配，病情符合要求的患者可以免费预约医生的门诊）；诊后疾病管理（患者就诊后，如果需要医生进行长期治疗指导，可以通过好大夫在线与医生建立长期联系，接受医生的用药指导、康复指导及线上复诊等）；电子处方（医生在充分掌握患者病情的情况下，可以通过好大夫在线为复诊患者开具电子处方，送药到家）；疾病科普知识（由正规医院的医生为患者提供图文、语音、视频等形式的科普知识，保障专业性）；家庭医生

（该平台可以帮助专科医生和基层全科医生建立更高效的慢病管理协作关系，在线组成"专科+全科"服务团队，共同为基层患者提规范、专业的慢病管理服务）。

8.3 Doctor On Demand、DocZoc

面对美国健康、医疗服务供应不足的问题，2012年10月，Jay McGraw、Adam Jackson和Phil McGraw三人在美国旧金山成立了Doctor On Demand公司。据该公司官网介绍，Doctor On Demand平台旨在搭建数字化网络平台，为用户提供即时应答远程医疗服务，患者与医生可以通过视频通话等在线交流方式进行病情诊断与治疗指导等健康咨询。

该公司将解决"缺乏负担得起的医疗服务"这个日益严重的大问题作为企业使命，提出"无论何时何地，每个人都能以负担得起的价格即时获得优质的医生"。其最有吸引力的一点在于，无论患者有无医疗保险，该平台都承诺它会让患者与高素质的医生沟通，为患者节省时间和金钱；将患者的利益放在第一位，并通过全面的身心护理为每个家庭带来安心和保障。

在纽约，Uber就曾利用平台司机的移动电话和调度系统再结合地理网络展开过应急救援，即911收到病情紧急报告后，离病情发生地最近的Uber司机收到通知并提供必要的帮助，以等待救护车到来。在Doctor On Demand平台，这个步骤只需90秒，无论是通过视频还是网络电话来描述病症、上传相关医学影像，用户（病患）都可以通过客户端直接联系医生，即时、按需获得专业人员的帮助。这种个性化的服务模式大大缓解了用户对急诊的需求。个人或者与Doctor On Demand合作的公司都能通过该平台App指定某位医生，该医生可以从每次服务中获取30~40美元报酬。

Doctor On Demand的运行模式简单明了，对在该平台注册的医生有一定的门槛限制，拥有行医执照的医生通过该平台的审核后，才能在该平台注册。当客户需要咨询时，可以在客户端简要描述自己的问题并发出请求，该请求由该平台发送给所有医生，如果有医生响应了该客户的请求，该客户就可以和该医生开始交流（视频或网络电话）。在这个过程中，客户根据需要，可以给医生发送图片、影像等资料，以帮助医生确定病情。

区别于 Doctor On Demand 的在线咨询，2007 年在美国纽约成立的 ZocDoc 是一个在线医生预约平台，该平台采用线上预约、线下服务的寻医、就医模式，让病人通过该平台找到合适的医生并进行线上预约、线下就诊，以提高医疗服务的效率。

用户需要注册后才能登录该平台，该平台会对注册用户进行手机验证，但不产生额外的预订费用。用户可以在该平台上直接通过科室、地域、保险要求等搜索合适的医生列表，再根据医生排班和相关资质等选择出一位满意的医生，预订其服务。

该平台建立了医生档案数据库，里面有医生的职业认证、服务内容、时间表等。ZocDoc 平台的首页很简洁，直接为用户提供医生搜索功能，不掺杂其他资讯内容。搜索主要基于用户对于医疗服务的要求，如地理位置、科室、保险等。该平台通过用户对医生的评论、打分对医生进行评价（中国产业研究院，2020）。

该平台时有纠纷，如医生单方面取消或者修改预约时间。此类情况发生时，该平台会第一时间联系用户，同时以附赠购物卡的方式平息纠纷。ZocDoc 上线初期，只有少量牙医注册，每月只有 5 000 多次预约。仅两年后，每月平均通过该平台预约医生的病人数量就达到了 100 万人次，这一数字还在快速增长。据 ZocDoc 官网统计，2011 年 7 月，有 500 万人次预约，比当年 2 月份的 300 万人次多了 200 万人次。

ZocDoc 的盈利能力也相当可观，该平台采用会员制，医生要成为 ZocDoc 平台的注册会员，每月需支付 250 美元的会员费，这样才能被该平台纳入数据库中，供病人搜索、预约、评价和打分。好评率越高，医生在搜索结果中的曝光率就越高，而患者则免费使用该平台。

2010 年，ZocDoc 只在美国 4 个城市上线。2011 年，该平台的服务已经覆盖美国 11 个城市。2013 年，ZocDoc 就可以提供来自 40 余家医疗机构的 530 万名医生或其他医务人员的预约机会，平均每月有 70 万活跃用户使用这项服务，而这些数字一直都在持续增长。目前，该平台在纽约、亚利桑那和印度三地驻点，在洛杉矶、纽约等 52 个城市开展服务，其员工共计 600 余人。仅在美国，每月就有超过 500 万人使用 ZocDoc 的预约服务。该平台提供除牙科以外的初级保健、皮肤科、眼科、耳鼻喉科、整形外科、妇产科等 50 多类科室医生的预约服务（中国产业研究院，2020）。

加入 ZocDoc，医生就可以提高自己的用户黏性，建立自己的品牌。据该平台统计，用户再次使用率在 81% 左右；特别该平台提供的预约提醒服务，用户使用率提高了 7%。

这种模式一方面减少了医生的空闲时间，为医生增收；另一方面提高了患者预约医生的效率。在国际上，和 ZocDoc 形成竞争关系的同类型公司有法国的在线牙科预约平台 KelDoc、印度的在线预约和医生管理平台 Practo、美国的同类平台 DocMeIn 等。

综上所述，以医疗平台为例的专业技能平台在国内外已经很普遍，平台业务类型多样，包含诊前、诊中和诊后各阶段。大多数平台尝试线上和线下业务相互衔接、整合以及病患引流，实现医疗资源的充分匹配和利用，其中也不乏成功案例。实际上，无论是基础技能平台、通用技能平台还是专业技能平台，线上业务和线下业务相结合是实现可持续发展的趋势和方向。

在医疗平台上，医生的工作特征呈现鲜明的数字化、灵活性与个性化服务相结合的特点。在医疗平台上，医生们利用互联网技术的便捷性，打破了传统医疗服务的时空限制，为患者提供了前所未有的就医体验。

首先，在医疗平台上，医生工作的一大特征是高度的数字化。他们通过平台提供的在线问诊系统，实时接收并回复患者的咨询，无论是文字、语音还是视频交流，都实现了医疗信息的快速传递与高效处理。这种数字化的工作方式不仅提高了医生的工作效率，也使得患者能够随时随地获取专业的医疗建议，极大地缓解了传统就医模式下的时间与空间压力。

其次，在医疗平台上，医生的工作具有高度灵活性。不同于在传统医疗机构中固定的工作时间与地点，在医疗平台上，医生可以根据自己的时间安排，灵活选择在线接诊的时间，实现了工作与生活的平衡。这种灵活性不仅吸引了大量有意兼职或远程工作的医生，也为患者提供了更加便捷、个性化的医疗服务。

最后，医生在服务上展现出高度的个性化与定制化。医生可以根据患者的具体病情与需求，提供一对一的个性化诊疗建议。这种服务模式不仅增强了医患之间的信任，也提高了医疗服务的精准度与满意度。医生通过深入了解患者的病史、生活习惯等，为患者量身定制治疗方案，真正实现了"以人为本"的医疗理念。然而，在医疗平台上，医生在享受数字化、灵活性所带来的便利的同时，也面临着一些挑战。如何在保证医疗服务质量的同时，有效管理在线患者的咨询量，确保每位患者都能得到及时、专业的回复？这是医生需要思考与解决的问题。同时，如何在保护患者隐私的前提下，实现医疗数据的安全共享与利用？这也是医疗平台与医生共同面临的课题。

因此，在医疗平台上，医生以数字化的工作方式、灵活的工作安排以及个性化的服务特色，逐步改变着传统医疗服务的面貌。随着技术的不断进步与平台的持续优化，医疗平台有望为更多的患者提供更加便捷、高效、个性化的服务，同时也为医生创造更加宽广的职业发展空间。

从以上三类平台的例子不难看出，通用技能平台的网约车司机和专业技能平台的医生负责整个服务流程——为消费者提供完整的服务，这有别于主要进行成品配送的外卖骑手。但是，相较于进行传统工业生产的无产劳动者，无论是外卖骑手、网约车司机还是平台医生，他们都自带资本：外卖骑手需要自己提供运输工具（物质资本），同时具有熟练的送餐技能

（人力资本）；网约车司机除了要提供私家车（物质资本）外，还需要具有驾驶技能（人力资本）；平台医生则要有成熟的医疗诊断技能和专业知识（人力资本）。

从外卖骑手到网约车司机，再到在线医生，无论技能水平高低，劳动者都能根据自己的情况和需求，在不同类型的零工平台上找到自己的位置，通过劳动换取报酬，实现自身的价值。零工经济使有技能的人有了更多的工作机会，每年有成千上万的人参与到零工经济中。显而易见，当今传统的"受教育水平"已经不能成为阻碍劳动者搜寻和获取工作的门槛，"受教育水平"也不能真实反映劳动者人力资本的动态变化，技能在零工市场中的作用凸显出来。无论有何种技能的劳动者，都能在零工市场中满足不同程度的人力资本关系固定性需求，同时实现自身的价值、获得收入。所谓"英雄不问出处"，便是如此。

面对全球化、数字化，新型的工作关系、转型的劳动力（工作）市场，无论是对劳动力个体还是对国家、区域甚至全世界来说，既是机遇，也是挑战。零工经济是未来的发展趋势，零工市场的内部问题也不容小觑。除了要关注劳动者参与零工经济的利弊外，学者们也应关注零工市场内部存在的问题。

在下一篇，我们将介绍现阶段零工经济的研究进展，主要涉及三个问题：一是零工的工作市场参与和劳动力供给；二是技术与零工；三是零工的福祉、平等与权益保障。

第三篇

零工经济的研究进展

越来越多的学者开始关注零工经济，对该领域内的问题展开激烈讨论。然而，迄今为止，从零工经济本身的概念界定，到研究视角，再到从不同视角出发的各类研究，学者们各抒己见，并未形成统一的研究框架或就同一问题达成一致的观点。

零工经济的早期研究多探讨其存在的"利与弊"。一方面，零工经济给传统劳动力市场和雇佣双方带来更多机遇（Mulcahy，2017；Burtch et al.，2018）、更高工作灵活度（Donovan et al.，2016）；另一方面，它也引发了诸如不确定性增加、侵犯隐私、权益保障等问题和挑战（Friedman，2014；Schneider and Harknett，2019；Dokko et al.，2015）。在早期研究的基础上，相关实证研究越来越丰富，内容涉及零工权益保障和劳动关系认定（Erlich，2021）、技术决定论视角的平台劳动控制（Gandini，2019；Wu et al.，2019；陈龙，2020；赵磊、韩玥，2021）、建构主义论零工对算法的可供性感知（Bucher et al.，2021；Lehdonvirta，2016）、零工市场的内部隔离与不平等（Katz and Krueger，2019；Cook et al.，2021；Balarm et al.，2017；Hunt and Samman，2019；Milkman et al.，2020；Vyas，2020；Adams and Berg，2017）、零工工作质量（Monteith and Giesbert，2017；Goods et al.，2019）、零工的去留意愿（Auer et al.，2021；Cameron，2022；Bucher et al.，2021；Sundararajan，2016；杨伟国等，2021；Chen et al.，2019；詹婧、李玉茹，2022）、零工的身心健康（Cai et al.，2021；Apouey and Stabile，2022；Ding，2017；Wu et al.，2016；Patel and Waynforth，2022；Zheng et al.，2022；Morita et al.，2022）、宏微观层面的劳动力供给（杨伟国、王琦，2018；张杉杉、杨滨，2022；赵磊、邓晓凌，2021）等问题。

既有的零工经济相关研究已从最初现象层面的"利弊之争"演进到现在基于社会学、经济学、管理学、法学等不同视角，采用定性、定量及混合等多种方法探讨该领域内各个层面的问题。然而，学者们并未形成统一的研究框架。本篇将从零工的工作市场参与和劳动力供给出发，尝试构建起现阶段零工经济主流问题研究相对全面的图景。

第9章

零工的工作市场参与和劳动力供给

在本章中，我们将关注那些探索零工的工作市场参与和劳动力供给的研究，主要包括个体的参与原因、去留意愿以及劳动力供给的影响因素。这三个方面的内容不仅关系到零工个体的福祉，也影响零工经济的可持续发展。

9.1 零工的参与原因

个体选择进入零工市场的原因是一大议题，增加收入和获得工作灵活性被认为是两种最主要的参与动机，大多数研究也以此为核心进行探讨，也有部分研究从性别隔离的角度来探讨该问题。

增加收入（earnings）是参与零工工作的原因和动机之一。Gleim等（2019）认为，通过零工工作来赚取收入对不同阶层的劳动力具有不同的吸引力。例如，吸引年轻人，是因为它为年轻人提供了学习时赚取收入的机会；吸引老年人，是因为它允许老年人赚取收入来替代或维持原有福利；它也是就业不足的人补充收入的一种方式。Bonciu（2016）也提出，零工经济出现时恰逢国际金融危机，"当时许多人没有工作，或者他们的收入不足以应付基本或现有需求"，从数字平台获得的收入已成为许多工人的主要收入来源，这种收入对生计至关重要。这与从零工经济中赚钱作为额外的补充性收入的情况形成了鲜明对比。该结论受到Codagnone等人（2016）的支持，他们认为，将零工收入作为主要收入的劳动者占数字工作市场的很大一部分。Goods等（2019）发现，网约车司机的收入"远远低于全国临时工的最低工资"，随着平台和零工数量的增加，工资和工作条件也在逐渐恶化。但是，即便收入水平很低，"增加收入"仍然是个体参与零工工作的主要动力（Kaufmann et al.，2011；Pilz and Gewald，2013）。然而，一些证据表明，这种动机与个体在零工工作以外的收入相关。Schor（2017）发现，零工经济中的许多劳动者参与零工经济的动机是补充现有的收入。对于收入较低的受访者来说，零工经济以外的收入"使他们几乎无法负担租金和食物等基本支出"（Schor，2017），而收入较高的人则有动机去赚取更多的收入。

此外，灵活性（flexibility）被视为许多人参与零工经济的动因。人们的普遍认知是"零工工作是灵活的"，原因在于其工作的保障性和灵活的管理方式。Berg等（2018）提出，灵活性是多维度的，零工能够自己控制从事的工作类型、工作的多少，以及在何处工作。Duffy（2016）指出，零工工作允许个体以在家进行在线工作的形式来实现"工作空间上的灵活性"或"工作时间上的临时性"。例如，它可以使照顾家庭和承担护理工作的工人同时开展工作，满足各方的需求（Duffy，2016）。Lehdonvirta（2018）认为，工作灵活性对个体和平台都是有利的，因为其增强了工人的自主权，同时又提高了零工的生产率（Lehdonvirta，2018）。此结论受到部分实证研究的支持，例如Goods等（2019）在对网约车司机的定性研究中发现，"零工工作提供的时间灵活性使工人可以兼顾工作和非工作承诺。工人们认为这种契合度是工作质量的重要组成部分，因此他们愿意降低经济保障性和享受度"。这一发现在Lehdonvirta（2018）的研究中得到了回应，他发现，从事在线计件工作的零工有可观的收入，工作的灵活性对于那些需要依据个人承诺和责任安排工作的劳动者来说尤为重要。

需要注意的是，有学者指出，零工工作的"灵活性"也是有条件的，如果工人在数字平台上花费的时间过多，他们可能发现自己被"退出社区（平台）"或"被停用"。正如Lehdonvirta（2018）的研究所证实的那样，零工只有在能够参与其他工作或通过平台提供的工作容易获得时，才能享有"灵活性"。当工作机会充裕并且工人也有其他收入来源时，工人才能够自由安排他们的计件工作（Lehdonvirta，2018）。Goods 等（2019）在对网约车司机的研究中也表达了类似的观点，他们发现，工人在描述自己决定"何时、何地、多长时间"进行工作时显得非常自信，而且对压力保持较高的接受度，否则就会被"锁定"在平台之外而无法正常工作。Berg 等（2018）认为，零工经济中的灵活性是"虚幻的"，"工作人员无法随心所欲地打开客户端进行工作。取而代之的是，他们感觉自己无法完全控制自己的工作时间表，以至于必须随时待命"。

Churchill 和 Griag（2019）同时探讨了收入和灵活性这两种动机，重点介绍了在澳大利亚使用数字平台参与零工经济的男性和女性的动机与经验，旨在关注澳大利亚男性和女性之间在零工工作的平台类型、参与零工经济的动机、对工作的满意度等方面的差异。Churchill 和 Griag（2019）指出，从历史上看，女性和少数男性比大多数男性更受制于不稳定的工作。女性比男性更容易被挤出正规就业，因为她们往往要承担更多的家庭责任。即使就业后，女性仍然面临性别歧视和工资不足等一系列问题。然而，零工经济给女性提供了新的工作机遇，如工作灵活性和收入，而这些往往是正规就业所不具备的。"那些富裕、民主，后工业社会中的多数人"现在也越来越多地投入零工工作中（Kalleberg，2018）。与此同时，零工经济也能为男性提供机会。有学者发现，女性对英国零工经济的依赖性更强，也更愿意参与零工经济。零工经济相对于传统的正规就业来说，有吸引力的地方在于：其鼓励企业家精神和创新精神，工作有相当大的灵活性、自主权，能给个体提供通过货币化资源增加收入的机会（例如，思想、时间、才能、能力、汽车、计算机等）（Kalleberg and Dunn，2016）。其中，额外或替代性的收入和灵活性被 Churchill 和 Griag（2019）认为是激励个体参与零工工作的最重要因素。Berg 等列举了国际劳工组织（ILO）的一项调查，该调查显示，32% 的零工表示在平台工作是为了"补充其他工作的报酬"，22% 的人是因为他们"喜欢在家工作"（Berg et al.，2018)。Churchill和Griag通过研究得出结论（2019)：与传统的正规就业类似，零工的工作市场存在高度的性别隔离。男性主导着专门从事传统男性任务（如运输）的平台，女性主导着专门从事传统女性任务（如照料、看护）的平台。研究结果表明，零工经济可能是创意产业中女性的替代选择。尽管有很大一部分人在零工经济领域以外工作，但是由于收入等相关原因，男性和女性都会被零工经济所吸引。灵活性是男女双方的重要动机，但是女性比男性更有可能参与零工工作，因为这"符合她们的日程安排"，表明家庭等非劳动承诺对女性的约束力比对男性更大。此外，零工工作可以有效地增加收入，其中男性的收入高于女性。

9.2 零工劳动力供给的影响因素

在零工经济的"利弊之争"中，"是否获得实实在在的灵活、自主"是学者们最为关注的一大问题。支持零工经济的学者们认为，零工经济的出现在很大程度上迎合了劳动者在工作时间、地点、方式等方面进行自由选择的需求，相当一部分人选择"打零工"是为了满足自身工作灵活性偏好（Schor，2020)。数字平台赋予零工工作灵活性和自主权（詹婧等，2018)。于企业而言，在降低交易成本的同时，也提高了平台经济的效率（Sundararajan，2016)；于零工而言，在获得了随时赚取额外收入机会的同时，也可借由平台进行社交来打发无聊的时间（Schor，2017)。然而，反对者们提出，为了实现"自由灵活"而选择参与零工经济的部分低技能零工（如外卖骑手）并没有获得真正意义上的"自由灵活"（郑祁等，2020)。数字平台在算法技术的"加持"下，无形中推动了零工的工作"卷入"，延长了他们的工作时间（魏巍等，2021)。Putnam等（2014)由此提出"自主-控制"悖论，说的是表面上看似掌握了自主权的零工反而会工作更长时间。所谓"自由灵活"，在一定意义上也可以理解为"自由地"工作久一点。

那么，什么因素会影响零工的劳动力供给呢？一部分学者开始从微观层面出发，致力于个体劳动力供给问题的探索。杨伟国和王琦（2018）基于网约车司机数量进行了实证分析，结果发现，学历、户籍能够很好地解释网约车司机的劳动力供给水平，但是无法有力地解释供给持续性问题，也无法解释较高学历司机的供给行为。他们认为，零工群体内部存在很大的异质性，如风险承担能力和社会融入程度，这些因素也许会影响劳动力供给行为。张杉杉和杨滨伊（2022）针对外卖骑手"过劳"现象进行了深入分析，他们发现，骑手对工作灵活性的差异性偏好会影响其工作时长。其中，平台架构产生了中介与遮掩效应，城镇化水平则可以作为平台架构影响工作时间的调节变量。他们认为，骑手的工作时长可能源于他们对灵活性偏好的自主选择，也正因为如此，外卖骑手这种具有高度弹性的工作安排才为其提供了谋生的机遇。此外，赵磊和邓晓凌（2021）对网约车平台进行了案例分析，他们通过田野调查发现，平台、租赁公司和司机之间形成了一条层层"盘剥"的利益链，被迫在工作之始就沦为"负资产者"的司机为了营利，只能不断延长工作时间，增加劳动力供给。他们提出了对工作机会选择的有限理性以及投机心理是自己接受经营成本控制的根源。

在微观层面，既有文献多从零工主体视角出发，提出影响零工劳动力供给的因素可能包括零工自身的风险承担能力、社会融入程度、灵活性偏好、决策的有限理性、投机心理等主观因素，然而，探讨客观因素对零工工作时长（劳动力供给行为）造成影响的研究却几乎没有。

除了微观层面的工作时长以外，也有学者关注宏观层面的劳动力供给。Cao等（2022）探讨了新冠疫情暴发后，零工如何改变其劳动行为以及什么因素促进了这些改变。研究结果表明，零工劳动力供给的增加并非来自劳动力需求的增长，也不是由以平台工作作为过渡的动机所驱动的。失业和非药物干预，而非可能存在的感染风险，能更好地解释为什么在线零工增加了劳动力供给。其中，失业的影响小于非药物干预政策的影响，表明零工劳动力供给的增加更多是由政策导致的临时工作安排变化所驱动，而不是相对长期的就业形势变化。然而，宏观层面的研究较为有限，而且更多地关注特定事件背景下零工群体的劳动力供给，缺乏对普遍规律的探究。

9.3　零工的去留意愿

在零工市场越来越接近传统意义上的正常劳动力市场的驱动下，零工个体的留任意愿开始引起了一些学者的关注（Cameron，2022），他们开始探索零工的去留意愿及其影响因素、这些因素如何影响零工的去留意愿。

从工作层面出发，Auer 等（2021）发现，收入和收入增长水平是影响零工去留的首因；也有学者认为，工作的游戏化体验和与之相伴的工作意义感知能够决定零工是否继续在平台工作（Cameron，2022）；Bucher 等（2021）提出，零工之所以愿意留在平台工作，是因为他们没有其他更好的选择。上升到企业层面，Sundararajan（2016）的研究发现，正如传统企业文化具有规范、凝聚作用一样，平台所蕴含的"平台文化"也会作用于零工的留任意愿。

然而，上述研究无论是从工作层面还是从企业层面出发，都忽视了零工主体的异质性特征对其未来决策影响的可能性。部分学者填补了此空白。杨伟国等（2021）基于保留工资理论，探讨了网约车司机的工作经历对其保留工资的影响，在一定意义上也反映了零工的过往经历能够作用于其未来的去留意愿。他们发现，下岗失业转入零工经济的司机保留工资最低，过剩产能行业与负面求职经历也会不同程度地降低司机的保留工资且前者的效应大于后者（杨伟国等，2021）。反映在去留意愿上，就是有下岗经历的零工未来最有可能留任，在过剩产能行业工作的经历和负面求职经历也会降低零工选择进入其他工作的预期。Chen 等（2019）构建了保留工资的客观指标，以衡量工作时间灵活性对劳动者的价值，研究发现，即便其收入水平远低于期待值，网约车司机也有可能为了满足自身与乘客交流等社交需求，继续留在平台工作。此外，詹婧和李玉茹（2022）基于烙印理论，以外卖骑手为研究对象，构建了 Logit 模型。他们经过分析发现，相较于其他工作经历，有工厂工作经历的外卖骑手未来更愿意继续留在平台工作。其中，上一代骑手的留任意愿比新生代骑手受工厂工作经历的影响更大。

第10章

技术与零工

平台所应用的数字技术、算法管理与零工的关系是引发最多争论的话题。部分学者从技术决定论视角出发，认为平台通过使用技术和算法控制零工劳动的过程；另一部分学者则从建构主义视角出发，认为技术和算法提供的是多种"可能性"，零工并非只能被动接受技术、算法的控制与管理，他们可以发挥其主观能动性，利用技术、算法的可供性实现其自身利益和目的。

10.1　技术决定论视角的平台劳动控制

数字平台对零工劳动控制的主题越来越受到学术界关注，学者们普遍基于劳动过程理论（Labor Process Theory）去探索平台控制问题（Wu et al.，2019；Gandini，2019；Kässi and Lehdonvirta，2016；Moisander et al.，2018）。劳动过程理论源于马克思主义思想，为理解阶级归属以及现代工作场所中劳资之间的冲突提供了深刻的见解。然而，学者们将劳动过程理论用于研究新的基于平台的经济才刚开始，并没有产生太多的实证研究成果。

在 Harry Braverman 的《劳动和垄断资本》（*Labor and Monopoly Capital*）一书出版后，劳动过程理论的研究方法在20世纪80年代和90年代都得到了肯定，是马克思主义在工作和就业研究中非常重要的一部分（Gandini，2019）。起初，它应用于各种工业环境中，旨在揭示拥有生产资料的雇主与作为劳动力所有者的工人之间的关系以及这种关系如何推动

"劳动过程"的发展，并认为劳动过程是根据设定的生产关系将商品中的劳动力转移的过程（Burawoy，1979）。该理论被证明适于研究工业资本主义内部的自治（autonomy）、控制（control）和同意（consent），以及Braverman书中强调的技能退化是资本积累的关键特征的逻辑（Knights and Willmott，1990）。

20世纪90年代到21世纪初期，该理论在Thompson（1989，1990）和Smith（Smith，2006；Smith and Thompson，1998）的研究中被正式界定，但直到近年来才被广泛应用，与此同时，也引起了广泛的批评（Jaros，2005）。

早期研究劳动过程的学者在某种程度上忽视了劳动的主体性（subjectivity），其研究主要集中于管理层为了控制劳动而设计的规范工具，其中包括泰勒主义的科学管理组织官僚机构和技术（Edwards，1979）、分包（Clawson，1980；Littler，1982）以及授予工人有限但负责的自治权的做法。有人批判这种对控制策略的早期关注缺乏劳动主体性的考量，工人应被视为劳动过程的积极参与者（Burawoy，1985；Thompson，1990）。Burawoy（1985）的生产政治理论认为，在资本主义世界中，对劳动的控制在历史上已经改变了形式，它从专制主义开始（专制主义利用了强制和纪律措施以及工人对个体雇主的依赖），管理层逐渐采用霸权控制，以争取工人的同意。特别地，随着国家将劳动保护政策和社会保障制度规范化，工人不再依赖单一的雇主。因此，资本必须制定新的工作场所劳动控制策略，以促使工人自愿加入资本主义积累（Burawoy，1979）。随着服务业中资本积累的日益增加，"情感劳动"概念应运而生，它体现在一种社会过程中，资本以新的管理控制形式强加于劳动过程。例如，在呼叫中心、酒店和家庭护理工作中，雇主要求工人有效地管理自己的情感以获得理想的结果，尤其是客户满意度。自此，情感劳动成为研究劳动过程的一种流行工具。

Thompson（1990）提出，劳动过程理论的主要观点可以归纳为以下四方面：一是研究劳动在特定工作场所中积累资本的"功能"，描述为生产点（The point of production）；二是特别注意技能在这一过程中的作用；三是关注雇主对劳动过程进行控制的逻辑，将其视为工人的劳动力转化为商品或服务的关键前提（Smith，2006，2015）；四是从生产角度看，资本与劳动力之间的社会关系被解构为"结构上的对立面"，从而导致人们将注意力集中在工作中的自治、同意和抵抗上（Jaros，2005；Smith and Thompson，1998；Thompson，1990；Thompson and Vincent，2010）。除了这些观点外，劳动过程理论还明确地拒绝了马克思主义的劳动价值论，因为它在经验和概念上都局限在对劳动过程所涉及的生产关系的理解上（Jaros，2005；Thompson，1990）。

劳动过程理论的批判者认为，这种研究在一定程度上拒绝承认过去几十年中劳动力的转变（Böhm and Land，2012），特别是在确认基于互联网、信息技术和非标准就业形式的"标准化"的"新经济"方面（Cappelli and Keller，2013）。支持者认为，劳动过程研究主要集中于对"有薪工作场所"的研究（Thompson and Smith，2009），因此，"除了其他方面，他们没有能力解决诸如非正式或无薪的工作类型中的时空维度等问题"（Thompson and Smith，2009）。然而，也有人认为，劳动过程理论有大量可供使用的工具（instruments），这些工具对于研究超出普通概念的工作场所的资本分配问题极为有用（Böhm and Land，2012），并能用来解释数字技术应用于工作中的控制和监督（Beverungen et al.，2015；Moore，2017；Moore and Robinson，2016）。

与此同时，来自批判性媒介研究（critical media researches）的其他形式的马克思主义在研究数字技术与工作之间的关系方面也逐渐兴起，并产生了很大的影响。其中包括自治主义者（或后工人主义）马克思主义（Autonomist Marxist），这种马克思主义被广泛应用（Hoedemaekers，2018），主要通过"非物质劳动"（Lazzarato，1997）和数字劳动框架进行。

许多学者详细论述了劳动过程理论与其他马克思主义理论在工作和就业研究中方法之间的差异和分歧，以及关于劳动价值论有效性的争议（Arvidsson and Colleoni，2012；Beverungen et al.，2015；Böhm and Land，2012；Jaros，2005；Thompson and Briken，2017）。诸如零工经济等数字技术与工作之间关系的最新进展实际上标志着人们观念的转变：将数字活动视为无偿或无形的工作。个体在此类平台上进行的是无酬活动，这些活动也可被视为"无偿工作（时间）"，且所涉及的不再仅仅是用户，而是基于平台这个中介参与进来的"事实"资本——劳动关系的"事实"有薪工人。因此，尽管在批判管理、组织研究和社会学方面很流行（Beverungen et al.，2015；Böhm and Land，2012），但是有人还是认为，这些马克思主义的方法为提出批判性思想提供了概念上的可能性。

Gandini（2019）提出，有必要从工作的角度来研究零工经济，而不只是将平台视作数字媒介，要特别关注在零工经济中产生生产关系的条件。他认为劳动过程理论提供了一种方法，极大地丰富了对数字平台工作特有的生产关系的理解。Gandini（2019）通过劳动过程理论来探讨数字零工平台的特征，讨论了零工经济中的"生产点"、"情感劳动"和"控制"等概念，认为劳动过程理论提供了一套独特的工具来扩展大家对劳动方式的理解。Gandini（2019）认为，在基于数字平台（中介）工作的供求之间，以及在反馈、排名和评级系统用于管理和监督工人的情况下，劳动力已转变为一种商品。

Wu等（2019）基于劳动过程理论对网约车平台进行的研究为数字平台劳动控制提供了一种新颖的经验解释。他们指出，劳动过程理论为研究资本主义世界中的劳动过程提供了重要的分析框架，但是，实证研究更侧重于正式组织中的有薪工人，而忽视了当下的零工经济（Gandini，2019）及零工经济下非正规的工作组织形式、模糊的雇佣关系以及灵活的工作时空安排（Cappelli and Keller，2013）。此外，使用劳动过程理论的学者倾向于集中精力解决冲突点，并花费大量精力解释工人的抵抗或同意（服从）。然而，在零工经济中，工作安排更加灵活，平台与工人之间的承诺较少，我们认为工人对数字经济的同意体现在他们对平台的承诺上。换句话说，有不满情绪的工人通常提供较少的工作时间，或直接切换到另一个平台以代替传统罢工。因此，在 Wu 等（2019）的研究中，他们使用工作时间和收入（而不是劳动冲突）来衡量平台控制策略的效果，确定了 Uber 为控制网约车司机的劳动过程而设计的三个关键策略：奖励薪酬系统、客户评估系统和灵活的工作安排。这些策略会对司机的工作时间和收入产生重大影响，但是，这种影响受到工作动机的调节。该研究最终验证了将 Uber 作为唯一收入来源的司机的工作努力对激励性薪酬计划和平台的评估系统有所反应，但对工作灵活性却不敏感。

Amorim 和 Moda（2020）基于劳动过程理论，探讨了巴西圣保罗市 Uber 司机在"借助应用程序工作（work by App）"中如何实现自治与控制之间的平衡。他们提出，通过在整个劳动过程中采用应用程序而实现算法管理（the algorithmic management）是一种新形式的管理、组织和控制劳动力的方式，在一定程度上增加了工人对资本的实际消耗，并加强了工作中的剥削。Amorim 和 Moda（2020）指出，通过应用程序进行工作的特殊性之一是要求工人至少拥有工作中使用的某类（生产）工具，如汽车、手机等。允许平台控制的不是工作中使用的汽车或手机，而是该应用程序。平台企业对这种技术生产手段的私有确保了其对零工劳动过程的控制，从而推动了工作包容（work subsumption）的历史进程。"工业"概念不应该局限于所谓的物质生产，因为服务业工作保留了物质产品生产中存在的价值生产逻辑，此类工作也应归属于生产性工作。在对生产资料所有权的基础上，应用程序在工作中进行的生产还包括对劳动过程的细节控制：对零工群体进行剥削，使他们以有组织的方式进行生产。因此，我们将基于应用程序的零工工作理解为对传统行业和典型的资本主义工作的更新而不是破除，因为它遵循的是从对集体工人的剥削中寻求剩余价值的产生。从资本的角度来看，这无关商品的形态（有形或无形）。

10.2　建构主义视阈的零工可供性感知

部分国外文献将关注点集中在零工主体上，尝试探究该群体如何理解、应对并利用算法。已有研究表明，零工们积累了一些关于算法如何工作的知识，例如通过论坛和在线社区与同行进行讨论（Bucher et al.，2021；Lehdonvirta，2016），积极尝试新方法来提高自己的评分，或通过减少拓展新客户等方式直接或间接地遵守算法规则。这些研究成果表明，尽管算法看似"黑箱"，但是零工们仍然可以发挥主观能动性，减少算法引发的"不对称性"（Curchod et al.，2020）。

数字平台将客户与潜在的无穷无尽的劳动者联系在一起（Howe，2006；Lehdonvirta，2018），但是地理距离、技术调解、文化差异，或者仅仅是劳动力的多样性都会导致劳动力供需难以准确匹配，平台算法评级的创建就是为了克服上述障碍。与此同时，算法评级也成为衡量零工工作质量和未来绩效表现的指标。

在针对平台算法管理的影响研究中，学者们还关注在算法管理的数字化环境中，平台工作者会采取何种策略予以应对，现有结论可以大致分为两类：一是被动接受算法。有学者认为，算法管理实际上向平台工作者传递了平台制定和倡导的工作标准和规范，当这些信息被平台工作者理解并形成自己的价值判断后，大部分平台工作者会按照算法的指令做出符合平台预期的行为，也就是适应算法。例如，Matherne 和 O'Toole（2017）的案例研究结果表明，当算法通过系统提醒 Uber 司机即将或已经偏离导航规划路线时，司机通常在后程路段会严格按照算法推荐的路线提供出行服务。此外，当算法监测到司机超速等危险驾驶行为并试图控制不安全情况的发生时，司机往往会立即改变自己的危险行为以满足算法的要求。此外，部分零工会选择与算法共存。调查发现，部分平台劳动者将高的算法评级理解为良好工作表现的结果，相比于寻求其他方式来帮助自身获得更高评级，他们更专注于工作的专业性，努力为客户提供基于平台标准的优质工作。与目前大部分学者所认为的算法管理是对劳动者的控制与监视这一看法相似，选择适应算法或与算法共存的零工正是困于算法不透明性所造成的不平衡权力结构中（Curchod et al.，2020；Rosenblat and Stark，2016），更多地受困于算法控制中（Cheng and Foley，2019）。二是积极与算法互动。尽管算法看似"黑箱"，但是目前已有研究发现，零工们可以通过发挥主观能动性，减少算法引发的"不对称性"（Cheng and Foley，2019）。也有学者以 Upwork 平台为研究对象，系统归纳了平台工作者抵抗算法管理的策略，他们指出，平台工作者会捕捉算法系统的漏洞，以避免算法对劳动过程的监控。例如，Upwork 平台的工作日志通过间歇性截图以及工作者与系统交互频率由算法追踪计时任务的完成情况，而部分工作者会选择与顾客签订固定价格的合约来规避该平台的追踪系统。此外，平台工作者还可以从算法管理在数据收集过程中的输入端着手，操纵算法使其对自己有利。例如，Upwork 平台基于评级系统决定工作者每小时报酬率，而一些工作者会私下联系顾客给出好评，以提升自己的评级。Rosenblat 和 Stark（2016）针对 Uber 平台的研究也表明，由于 Uber 推行的派单倾斜机制使系统评级越高的司机越容易被派到高收入任务，有些司机会向乘客申请，甚至强制乘客给出好评。这部分零工在感知并掌握算法的运行机制后，尝试发挥自身的主观能动性，利用算法管理过程中的空白或漏洞为自身谋取利益，这在一定程度上摆脱了传统意义上的"被算法控制与监视"。

"可供性（affordance）"通常作为技术/物"功能"的同义词，可以指代人与物互动关系中所有非人行动者的贡献。起初，一个具体环境中的"可供性"被定义为该环境所能提供、准备或供应什么，可好可坏，意味着动物与环境之间存在互补性（complementarity）（Gibson，1979），既非完全客观也非完全主观，既有环境也有观察者。Wellman（2003）首次将社会可供性（social affordances）引入传播学领域，提出社会可供性是指主体有能力消化、利用技术或物的能力，旨在强调特定技术或物怎样为用户提供特定功能，以帮助其积极构建特定的社会结构（Hogan，2009）。Wellman（2003）还指出，可供性的本质是"将传播技术视为使用者手中的归置权力（placing power），而不是技术本身或技术设计者手中的权力"。可供性暗含着社会建构性，即"可学习"且"积极主动地"，是技术决定论相对的视角。

对于"技术可供性"（technology affordances）概念的研究，大多数学者主要从关系和行为视角展开。其中，关系主导属性界定的技术可供性，强调的是技术对象（如信息技术人工制品）和目标导向的参与者之间的关系所产生的行为，这一观点得到了广泛的认可和应用。技术可供性很好地融合了技术决定论和社会建构论，也消除了关于技术对象的设计偏见。实际上，关系主导属性的技术可供性强调参与者和技术的互动，通过互动来提高各种不一样的可能性。随着技术可供性被应用到具体的研究中，也有学者强调技术可供性是为了帮助行为主体实现特定目的而发生一系列具体行为的可能性。例如，在社交商务情境中，技术可供性是指技术对象根据买卖双方的能力和目标，为双方提供的、以促成购买行为为目的的行动可能性（Dong and Wang，2018），此时技术可供性具体到购买行为的实现。

当"技术可供性"这一概念被应用到数字经济的算法管理中时，可以视为算法提供给平台和劳动者的可能性，这种可能性带来的结果或好或坏，二者之间互动的结果取决于蕴含"主体性"的劳动者个体一方采取怎样的应对策略。具体而言，就是劳动者如何看待技术所能提供给他们的"机缘"并基于这种"看待"做出特定回应，而所谓"机缘"是不可改变的客观存在还是能够成为在二者互动基础上为自己谋求福利的"机遇"，则取决于劳动者自身的主体意识。例如，部分有关算法控制的研究提出用可供性视角来分析雇主如何利用算法与劳动者互动（Kellogg et al.，2020；Leonardi and Vaast，2017）。还有一些研究则利用可供性分析平台劳动者对算法管理的认知与体验，研究结论大致可以分为四个方面：一是视为障碍。Lee（2018）通过实验发现，在操纵管理决策主体（算法–人类）的条件下，由于算法本身缺乏直觉和主观判断的能力，算法决策被工作者认定为一种非人性化的体验、劳动过程中的障碍。许多平台工作者认为，他们刚进入平台工作时，曾遇到非常大的困难，以满足顾客需求为导向的算法控制会导致平台工作者在非正常且不规律的时间内高强度工作，对其身心健康产生了负面影响。二是视为激励。有调查发现，部分平台工作者将算法评级视作提高其个人知名度的工具，较高的算法评级能够提高平台工作者在市场上的竞争力。三是视为自我价值的体现。部分平台工作者将算法评级作为平台工作的自我延伸。他们高度认同自己的平台劳动，关注算法评级中所体现的自我价值，认为他们的工作被算法分数和反馈所证实。四是视为客观规则。有学者发现，部分平台工作者认为算法分数是平台工作所需要的简单规则，这是他们无法改变和控制的，因此，他们觉得自己应该接受算法评级，而不是理解它。

第 11 章
零工的福祉、平等与权益保障

随着零工经济的发展，学界开始关注零工个体的工作质量、健康，以及零工市场的内部隔离问题。在此基础上，一大批学者开始探索如何从劳动关系认定出发，解决零工的权益保障问题。

11.1 零工的工作质量

零工的工作质量问题，也是学者们关注的一大领域。"工作质量"概念最初是在高收入国家中提出来的，由于数据匮乏以及国际劳工组织体面劳动计划的失败，其在中低收入国家的实践受到一定的限制。但是，对部分中低收入国家的研究结果表明，工作质量的核心维度是可变通的（Monteith and Giesbert，2017）。正如 Rubery 和 Grimshaw（2001）认为的那样，工作质量不仅受到"高技能工作或富裕国家的关注"，它还与低技能水平的工作息息相关。Monteith 和 Giesbert（2017）使用焦点小组法调查了乌干达、布基纳法索和斯里兰卡的非正式部门工人对工作质量的看法，结果发现，这些工人与高收入国家劳动者有很多共同的关注点，如收入、健康、自主权、对工作和工时的控制以及社会交往等。

Berg（2016）对 MTurk 和 CrowdFlower 平台上的 1 510 名工人进行了调查，这是关于零工工作质量的详细实证研究之一。通过调查，Berg（2016）发现，低薪是一个影响工作质量的因素，造成低薪的主要原因是无偿工作与有偿劳动的比例很高以及缺乏工作。没有其他工作的零工（约占总样本量的40%）缺乏与就业相关的社会保障（Berg，2016）。但是，

Berg（2016）的发现也凸显了一些积极因素：工人能够控制他们的工作地点，从而克服了劳动力市场参与障碍。尽管以上的发现很重要，但是对于阐明零工经济背景下的工作质量问题还远远不够。MTurk平台的员工在地理位置上也很集中，近年来的调查表明，多达80%的工人位于美国，而印度则有16%（Hitlin，2016）。因此，MTurk和Crowdflower平台在许多方面不能代表更广泛的零工经济。

全球最大的零工平台Upwork可以托管独立的、技能型工作任务。该平台是D'Cruz和Noronha（2016）研究的重点，他们证明了该平台的工人能够通过控制自己的工作场所而获益。同时，他们还指出了其中的一些负面因素，包括高度的不确定性，尽管有人认为这是由于兼职零工"为提高积极经验而付出有限的努力"所造成的（D'Cruz and Noronha，2016）。就像MTurk和CrowdFlower平台一样，D'Cruz和Noronha（2016）发现，Upwork的零工承担了旨在获取有偿工作的大量无偿工作，他们甚至需要工作到深夜。此外，该平台的设计模式加剧了激烈的竞争，所有零工都能看到彼此的出价，这也是形成工作压力的根源。然而，以上发现和结论只是基于对24名印度工人的电话采访得出的，就研究数量以及所调查的平台和国家广度而言，这些结论显然受到一定的限制。

Rubery和Grimshaw（2001）认为，在零工经济中，工作质量的一个重要决定因素是ICT影响组织形式的方式，而这取决于平台企业和零工之间讨价还价能力的平衡。同样，Mullan和Wajcman（2017）认为，与工作相关的时间压力和数字技术之间的关系是由工作安排（arrangement）来调节的。此结论得到Silver（2003）的支持和证明，采用特定技术，通常会对劳动者的权力（power）产生意想不到的影响。工人权力是指"员工集体或个人在层级系统中获得有利地位的能力"（Kalleberg，2011）。Kalleberg（2011）认为，在市场调节的雇佣关系中，"市场机制的中心地位使个人的资源比集体力量更重要"。因此，人们期望"市场议价能力"——劳动力需求、技能和其他非工资性收入来源（Silver，2003；

Wright，2000）——成为决定零工工作质量的关键。

零工不仅对平台企业行使权力，而且对其他零工行使权力（Kalleberg，2011）。因此，有不同市场议价能力的零工有不同的工作质量。此外，Monteith 和 Giesbert（2017）认为，工作能否提供特定能力并造福他人取决于所谓的社会和环境转化因素，特别是卫生和教育系统、性别规范和关系的中介作用（如图11-1所示）。

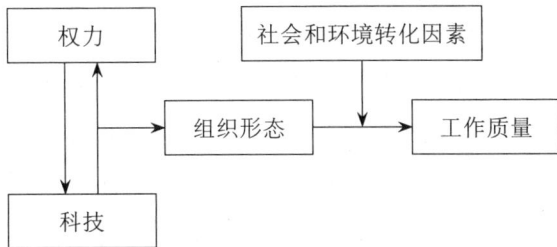

图11-1　工作质量决定因素模型

资料来源：MONTEITHW，GIESBERT L.When the stomach is full we look for respect：perceptions of "good work" in the urban informal sectors of three developing countries ［J］. Work，Employment and Society，2017，31（5），816-833.

Wood 等（2019）也评估了零工经济中的工作质量，然而，为了填补之前研究的不足，他们重点关注东南亚和撒哈拉以南非洲地区的零工，基于六国的半结构化访谈和一项跨地区调查，详细介绍了算法控制对零工工作的影响方式。尽管国家背景和工作类型各不相同，但是他们证明了算法控制对在线零工平台的运营是至关重要的。他们还指出，虽然算法管理技术倾向于为员工提供高度的灵活性、自治性、任务多样性和复杂性，但是这些控制机制还是会导致低薪、社会孤立、不规律的工作时间、过劳、睡眠不足等低质工作情况。Wood 等（2019）支持 Kalleberg（2011）的建议（零工工作质量最终取决于零工个体相对于平台和其他零工的市场议价能力及自身的资源），并发现最重要的个人资源是技能和平台声誉，缺乏个人资源的零工通常会受到低收入和不安全感的困扰，而平台信誉的重要性是平台算法控制的结果。Wood 等（2019）将平台声誉的"象征力量"（Thompson，1991）识别为一种新兴的市场议价能力。"市场议价能力"是 Silver（2003）和 Wright（2000）提出的概念，但是，他们都没有考虑象征性权力形式的重要性。

郑祁等（2022）利用中国外卖平台 9 133 名骑手样本，采用二元 Probit 模型，基于自我损耗理论，对基础技能平台的零工日接单时长对职业伤害的影响与作用机制进行了研究，结果发现，这部分零工的日接单时长与其职业伤害的发生是非线性正相关的。采用工具变量方法，通过稳健性检验处理遗漏变量等内生性问题以后，结论仍然稳健，且相较平台收入依赖一般者，收入依赖较高个体发生职业伤害的可能性要低一些；个体工作压力是重要的影响机制；个体工作参与动机是这种影响的边界条件，持积极动机者发生职业伤害的可能性显著低于持消极动机者。进一步的研究发现，曾受到过职业伤害的个体，未来继续从事零工工作的意愿显著降低，并对平台和政府改善相关的社保机制抱有一定的期待。依据研究结论，他们提出了相关政府政策和平台企业管理建议。

Milkman 等（2020）基于对平台送餐员（外卖骑手）的原始调查和访谈数据，分析了零工经济中占主导地位的白人女性零工（尤其是母亲和其他护理人员）选择进入该部门的原因，重点关注性别、阶层等因素。他们基于交叉视角（an intersectional lens）分析平台送餐员中白人女性零工的工作经验和自主意识。交叉性对于阶级、种族和性别不平等与身份的批判社会学研究而言，其应用越来越普遍，但是，大多数文献缺乏交叉视角，主要关注白人男性劳动者，在很大程度上忽略了同龄女性。关于非正规就业和零工经济的研究（Kalleberg，2011）也是如此。通过研究，Milkman 等（2020）发现，白人女性参与零工工作的主要原因包括：时间安排的灵活性，这有助于女性平衡有偿工作和照料家庭；利用已有的在无偿家务劳动中培养的购物技能来创造获得收入的机会；为无法轻松购物的老年人和残障客户提供情感价值。

11.2　零工的健康问题

灵活性是零工工作的一大特征，然而，这种灵活性也催生出了不确定性。零工超时、超量、过度工作开始引起学者们的注意，他们的健康问题也成为大家热议的重点。

从研究内容看，既有一些学者关注零工的心理健康问题，也有一些学者探讨零工的身体健康问题。就前者而言，Cai 等（2021）基于 2018 年 CFPS 数据研究了零工心理健康问题的影响因素，他们发现，零工抑郁症患病率明显高于传统正式雇员。抑郁症与教育、身体健康、家庭收入等因素高度相关，然而，互联网对零工抑郁症的影响并不显著。他们提出，需要完善相应的劳动力市场法规和社会政策，来解决这一问题。Apouey 和 Stabile（2022）探讨了 Uber 在全国范围内的扩散对司机心理健康的影响，他们基于 2009—2019 年英国家庭纵向研究数据，并将关于健康和社会人口特征的个人层面信息与 Uber 在全国范围内的传播数据进行了匹配。该研究最早发现了 Uber 扩散与个体层面的司机心理健康呈正相关关系。然而，通过处理自选择和遗漏变量问题之后，他们发现，司机的心理健康状况可能在 Uber 推出新政策之后变得更差，这可能源于司机们感受到了来自 Uber 司机的同行竞争。此外，Ding（2017）以主观幸福感作为心理健康指数，他发现零工的主观幸福感明显较低；中国零工市场存在严重的性别歧视，显著降低了妇女的主观幸福感；中年零工的主观幸福感相对较低。Wu 等（2016）发现，与在公共部门工作或不在劳动力市场工作的女性相比，女性零工每周在有偿工作上花费的时间更多，而且她们的主观幸福感更低。然而，上述研究均未厘清零工心理健康问题的形成机理，概念结构也不清晰。高雪原等（2023）提出了零工工作压力产生的机理模型，基于量表开发流程，开发并检验了零工四维度工作压力（规范压力、时间压力、疏离压力、身心压力）的结构化测量工具。该研究不仅拓展了零工心理健康问题的研究边界，也为零工经济领域其他问题的进一步挖掘奠定了工具基础。

除了心理健康问题外，部分学者也讨论了诸如残疾、职业伤害等零工的身体健康问题。Patel和Waynforth（2022）研究了零工对平台收入的依赖程度对零工个体身体健康状况的影响，建立了"平台收入作为唯一收入来源"与发生残疾的可能性之间的联系。他们发现，二者之间呈正相关关系，但是该结果仅在低收入人群中显著，这就意味着低收入零工群体越是依赖平台收入，造成残疾的可能性越大。更多学者主要关注零工的职业伤害问题。例如，Morita等（2022）基于18 317名零工样本，探讨了新冠疫情背景下，日本的职业伤害风险与零工工作之间的关系。他们发现，在新冠疫情下，相较于其他就业群体，参与零工经济的劳动者可能面临更大的职业危害。

此外，还有一些学者建立了零工身体和心理健康状况链接。同样是关注职业伤害，Zheng等（2022）通过对外卖骑手数据的分析，发现零工的工作量与职业伤害正相关，也就是说，日工作量越大的零工越有可能受到职业伤害，零工自身的工作压力是其中的作用机制。

11.3　零工市场的内部隔离

性别隔离的话题在非正规就业研究中由来已久，乍一看，零工经济可能不存在性别隔离问题。参与零工经济的女性即使受算法的控制，也看似不受（有意识或无意识）性别偏见和歧视行为的影响。因此，Rubery（2019）认为，零工经济和工作市场"提供了一个重新思考工作和组织、调整现有结构，以适应更平等社会的机会"。实则不然，部分学者证明了零工工作领域基于性别的工作隔离是很普遍的，尽管比正规就业领域少一些。性别偏见通常不是孤立存在的，需要同种族歧视等问题结合起来交叉探讨（Vyas，2020）。

Katz 和 Krueger（2019）通过一项研究发现，女性在"替代性工作安排"（alternative work arrangements，AWA）中担任临时代理（temporary agency workers）、应招工人（on-call workers）、成为合同工（contract workers）或自由职业者（freelancers）的可能性略高于男性，且在2005—2015年间，女性在AWA中的增长远快于男性（Katz and Krueger，2019）。但是，他们的研究样本太小，无法说明平台工作的性别构成，特别是2015年，仅占 AWA 的3%。对其他平台的一些研究发现，在该领域，男性人数多于女性人数，而另一些调查则得出了相反的结论（Hunt and Samman，2019）。

有研究发现，与男性相比，女性在平台上做兼职的可能性更高；此外，在平台工作中，男性零工的平均收入要高于女性，其差异与传统劳动力市场十分接近。基于性别的工作隔离也很普遍，尽管比正规就业要少一些。总体而言，尽管平台工作采用了公认的性别中立算法管理模式，但是，正如部分研究所总结的那样，"当零工经济表现出一些新特征时，总体上，它代表了长期结构的延续（在某些情况下是加深），以及性别不平等"（Hunt and Samman，2019）。

Milkman 等（2020）对美国平台送餐员的研究揭示了零工工作中的性别特征，以及在履行职责的时间限制内从事这项工作的女性的性别优势。他们发现，承担送餐工作的零工主要是女性，尤其是在食品和家用杂货领域。这种就业方式使许多女性在没有金钱补偿的家务劳动中培养起来的购物和食物储备等技能变得有用。重要的是，此类工作之所以吸引女性，部分原因是在脆弱的美国社会安全网和美国不完善的工作-家庭政策下，女性照料家庭的责任和承诺不成比例。他们发现，照料家庭需求较高的男性和女性会自愿选择从事平台送餐工作，因为这种工作比工资水平较低的零售和服务标准就业工作具有"及时"的优势。这类群体特别重视灵活性和自主性，因为他们优先考虑的是照料家庭而不是有偿工作。特别是女性，她们在工作中也为自己的购物和烹饪技能感到自豪（这些技能是在家中无偿制作食物、操持家务、采购过程中发展起来的），这项工作使她们在获得收入的同时，也能够帮助老人、残疾人或其他需要帮助的人，使其在情感上得到回报。

Vyas（2020）的研究旨在解决欧盟零工经济中女性零工遇到的与就业有关的问题。他的研究围绕传统劳动力市场到平台经济的"转变"展开，通过比较分析，阐述了零工经济中性别不平等问题仍然普遍存在，女性零工受到平台算法本身固有歧视的负面影响。由于零工经济披着"灵活性"的外衣，女性更容易被迫参与不稳定的零工工作。此外，他还研究了性别不平等导致的其他突出问题（如性别工资差距），又进一步讨论了解决这些问题的现有监管框架。他提出，可以通过制定相应的政策来解决零工经济中普遍存在的性别不平等问题。重要的是，他强调了"性别问题往往不是孤立的"，不能完全从白人妇女的角度去讨论问题，而是需要结合种族等问题进行交叉的综合探讨。此外，即使在女性内部，也存在分层和歧视。在零工经济中，女性有色人种虽然工作能力很强，受过良好的教育，却依然从事低薪、低技能工作。

哈佛大学商学院 Edelman 和 Luca（2014）两位教授的一项研究表明，在 Airbnb 平台上，同级别房屋的非黑人房东日均收费要比黑人房东高出12%（Edelman and Luca，2014）。他们的另一项研究表明，拥有非裔美国人名字的客人在 Airbnb 平台上成功预订的概率要小于拥有白人名字的客人。这种现象在不同种族的东道国都有发生，即便歧视意味着部分收入的损失。

学者们普遍认为，歧视存在的根源是算法的制定，依赖被主观判断影响的程序员来制定客观无偏的算法实际上是有问题的（Vyas，2020）。当那些从社会中获取和存储数据的机器开始学习人工智能时，这种情况就会被放大。"基于过去有偏见的数据进行训练而没有仔细考虑的算法系统，有可能重现甚至加剧过去决策中出现的歧视"（European Commission，2018）。"因此，根据服务类型、用户和平台设计的不同，不同平台都会出现不同程度的社会经济、性别或种族歧视"。

然而，也有研究发现，传统就业中的父职溢价和母职惩罚在零工经济中发生了巨大的变化。Zheng等（2023）研究了零工工人在生育前后的收入变化，他们发现，在零工经济中，母职惩罚正在消失，而父职溢价却变为父职惩罚。他们认为，这是工作压力和职业的性别隔离所导致的，男性不得不在工作和照顾孩子之间平衡时间和精力。

11.4 劳动关系认定与零工权益保障

零工经济产生以后，各国均在努力探索零工的权益保障问题。2024年10月，《欧洲议会和理事会关于改善平台工作条件的指令》发布（European Parliament and Council of the European Union，2024）。该指令旨在改善平台的工作条件并对零工的数据进行保护，通过明确零工身份，增强算法管理的透明度和公平性。同年，新加坡政府颁布了《平台工作者法案26/2024》（*Platform Workers Bill* 26/2024）（Singapore Statutes Online，2024），明确了对零工的额外公积金供款给予税收减免，以鼓励他们为退休、养老等长期计划准备更多的资金。

对零工劳动关系认定和与之相关的权益保障问题的探索一直以来都是学界关注的焦点。在国际上，劳动者权益保障的实现需要建立在雇佣关系认定的基础之上，而"零工是否属于雇佣关系框架"问题并未形成定论，这使得大部分零工仍被隔离在传统雇佣关系相关权益保障的大门之外（Kalleberg，2011；Moore and Newsome，2018）。部分学者认为，包括网约车司机在内的零工应归属于雇员（employees）而非独立承包商

（independent contractors），应享受对应的雇员权益保障（Erlich，2021）；而另一部分学者认为，独立承包商才是零工的本质属性（Goods et al.，2019）；还有一部分学者提出，由于固定薪酬和最低工资等传统制度很难适用于新兴的零工群体，因此需要拓展现有雇佣框架的适用范围，根据零工的特点为其建立"量体裁衣"（tailormade）式权益保障机制，而不是简单地建立一个新的劳动者类别（Stewart and Stanford，2017）。此外，Flanagan（2017）、Poon（2019）、Bergvall-Kåreborn 和 Howcroft（2014）认为，不应纠结于"关系"的认定，而是要回归问题本身，即零工权益保障。

在我国，零工经济所带来的劳动者权益保障问题的根源同样来自劳动法对劳动关系认定的僵化框架（林嘉，2016），它不足以回应当今零工经济中平台与劳动者之间的复杂关系（丁晓东，2018）。关于零工权益保障问题的研究主要从"从属性理论说"或"控制性标准"两个视角出发，在分析零工身份和"平台-零工"关系认定的基础上，探讨实现零工权益保障的合理性和适用性（娄宇，2021；林嘉，2016），或提出以与劳动关系"解绑"的方式解决零工权益保障问题（朱小玉，2021）。从属性理论说关于"平台-零工"关系认定的讨论为主流，目前有三种观点：一是 Roger（2016）、常凯（2016）、吴清军等（2018）基于劳动关系从属性，提出用工形态的转型并未影响传统劳动关系的本质；二是王天玉（2016）将平台和零工之间的关系界定为合作关系、承揽关系；三是董保华（2016）、王琦等（2019）认为，平台控制的不确定性和工作的碎片化等复杂、多变因素使得关系本质难以判定。本书主要依据从属性理论说来明晰新业态的劳动关系认定标准，确定认定要素。

第四篇

零工经济的规制演进

如同工业革命引发的社会转型所带来的问题一样，由数字革命引发的包括零工经济在内的数字经济中产生了一系列经济、社会、法律问题。我们应该意识到，转型扮演着撬动旧社会体系和建立新社会模式的杠杆角色，需要新的社会契约来适应并推动转型（道格林等，2020）。

本篇将着重介绍在现阶段，英美法系国家、大陆法系国家和中国以及国际组织面对数字时代经济范式和雇佣关系转型，在劳动立法和相关规制方面各自采取了什么样的应对方式。读者会发现，在现阶段，无论是各个国家还是国际组织，都没有一个统一的针对零工身份以及零工与平台之间关系的认定框架。在现阶段，对于平台与劳动者之间关系认定的普遍做法是：依据一系列要素、标准，基于事实和实际工作条件来判定双方的关系或对零工身份进行认定，在此基础上，再解答平台是否需要履行雇主义务等问题。

需要明确的是，本篇涉及的雇佣关系并不等同于我国传统就业的劳动关系，但是，对雇佣关系认定的目的与我国劳动关系（labor relations）的认定目的是一致的，都是要明确雇主、雇员应履行的义务和所享有的权利。这也是本篇借鉴域外规制的基础。

第12章

英美法系国家

本章将对三个英美法系国家（美国、英国、澳大利亚）的平台劳动立法与规制实践进行梳理和分析，以期更好地理解零工的身份认定及权益保障问题。美国的雇佣关系判定框架采用"两分法"——雇员和独立承包商。英国引入了"非雇员工人"类别，在现阶段，主要采取"三分法"——雇员、非雇员工人、自雇者。澳大利亚在现阶段虽无针对零工或者平台劳动的法律条款，但一些现行法规也适用于平台工作的情况。

12.1 美国

在美国，平台零工仅占总人口的5%~15%，其中超过80%的人从事非全日制工作。然而，受到金融危机等多种因素的影响，非正规就业发展迅速，而全日制就业却不断衰退，美国经济结构发生了重大转型（道格林等，2020）。

美国的雇佣关系判定框架采用"两分法"：雇员（employees）和独立承包商（independent contractors）。也就是说，一旦劳动者与企业之间所建立的关系不属于雇佣关系，其将无法享受雇员的劳动权益保障（柯振兴，2014）。美国的联邦保险税法规、联邦失业税法规、劳动关系法规、公平劳动标准法案、养老金和工资保障制度的法规等都只适用于传统雇员，这里的"雇员"概念是明确界定的，即"为雇主工作的人"，用以划分法律适用范围。近年来，受到金融危机的影响，美国的经济结构发生了重大转型，新就业形态从业者数量渐增，虽然总量不大，但增速可观。然而，迄今为止，受到自身体制、法律和政治结构等多方面因素制约，对于平台从业者身份判定、雇佣关系判定等问题，美国在联邦法律层面也没有统一的规定。同时，相关的责任平台与从业者各持己见：平台坚持从业者应为独立承包商，平台作为交易撮合中介，无须承担雇主责任；从业者则坚持自己受到平台的管束，理应是平台的雇员，并受到雇员权益保护（道格林等，2020）。

虽然美国联邦政府的显性权力非常有限（只有国际、洲际贸易等职权），却能通过证明一些立法或社会保护对其履行职权的必要性来促进某些行为的发生，例如美国国家劳动关系委员会（National Labor Relations Board，NLRB）就采用了《国家劳动关系法》的相关规定（道格林等，2020）。美国国会能够对法案进行投票，并建立相关机构来监督实施。从联邦政府层面出发，有两条途径可以实现对平台劳动者的身份认定和相关保障：一是联邦法律、法规的适用范围扩大；二是将平台劳动者视为雇员。州政府享有劳动立法权，且不会与联邦法律、法规相矛盾（道格林等，2020）。

美国在判定平台用工性质时，其核心依据是"控制论"。在博雷洛父子有限公司诉工业关系部案［S.G.Borello and Sons, Inc.v.Department of Industrial Relations，48 Cal.3d 357（1989）①］中，加利福尼亚州最高法院认为，判定平台是否为雇主的最重要特征是"对工作细节是否有控制权"（right to control work details），强调该权力无须延伸至工作的每一个可能的细节，而是应把握雇主作用于雇员的全面控制的权力。在国际航空快递公司诉就业发展部案［Air Couriers International v.Employment Development Department，150 Cal.4th 934（2007）②］中，加利福尼亚州最高法院提出，工作本身所具有的自主性不意味着排除存在劳动关系的可能。在阿亚拉诉羚羊谷报业公司案［Ayala v.Antelope Valley Newspapers Inc.，59 Cal.4th

---

① 参见《加利福尼亚州最高法院判例汇编》第3辑第48卷第357页（1989年）。
② 参见《加利福尼亚州最高法院判例汇编》第4辑第150卷第934页（2007年）。

533（2014）^①］中，加利福尼亚州最高法院进一步指出，判定关系的核心问题应该落脚于控制权本身，而非实际的控制行为。

基于"控制论"产生了多种测试标准，主要包括控制权标准（Right to Control Test）、IRS 标准（IRS Test）、经济现实标准（Economic Reality Test）、Borello 标准（Borello Test）、ABC 标准（ABC Test）、Donovan 标准（Donovan Test），这些测试标准被各州广泛应用。表12-1显示了其中一部分。

表12-1　　　美国平台用工性质判定测试体系（是否为雇员）

衡量要件	标准名称			
	Borello 标准	美国劳工部判定标准（2019）	ABC 标准	Donovan 标准
从业者的工作过程是否被用人方所控制	√	√	√	√
用人方是否为从业者提供劳动工具和劳动场所	√			
从业者提供服务的必要时长	√			
用人方支付报酬的方式和依据（时长还是工作量）	√			
从业者的工作是否构成用人方常规或重要业务组成部分	√	√	√	√
用人方和从业者是否认为彼此之间具有雇佣关系	√			
从业者是否有权自己控制利润或者亏损状况，盈利或亏损是否基于从业者的管理技能	√	√		√
从业者在生产或服务设备、资料上的投资情况	√	√		√
从业者是否雇佣了助手	√			
从业者与用人方之间关系的长期性和持续性	√	√		√
用人方是否有权随意解雇或者解雇是否会引起违约诉讼	√			

---

① 参见《加利福尼亚州最高法院判例汇编》第 4 辑第 59 卷第 533 页（2014年）。

衡量要件	标准名称			
	Borello 标准	美国劳工部判定标准（2019）	ABC 标准	Donovan 标准
从业者提升自己工作技能（自主学习或接受培训）的自主权问题		√		
从业者是否通常以独立形态参与交易、经营或者执业			√	
从业者所提供的服务是否需要特殊或专用技能	√			√

具体看来，加利福尼亚州最高法院提出"控制"并不是独立存在的，它引出了多项"次要特征"作为 Borello 标准①，包括：从业者是否从事与用人方业务无关的职业或业务；工作完成过程是否在用人方的指导或监督下；从业者所提供的服务是否需要特殊或专用技能；用人方是否为从业者提供劳动工具和劳动场所；从业者提供服务的必要时长是多少；用人方支付报酬的方式是怎样的，是依据时长还是工作量；从业者从事的业务是否构成用人方常规业务的组成部分；用人方和从业者是否认为彼此之间具有雇佣关系。后来，在纳拉扬诉鹰全球物流有限公司案［Narayan v. Eagle Global Logistics, Inc., 641 F.3d 895（2010）②］中，加利福尼亚州最高法院又给该测试标准增加了五个指标：第一，基于从业者的管理技能，用人方的盈利或亏损概率如何；第二，从业者是否在生产或服务设备、资料上投入了资金；第三，从业者是否雇佣了助手；第四，从业者与用人方之间关系的持久度如何；第五，用人方是否有权随意解雇从业者，或者解雇是否会引起违约诉讼。2019 年 9 月，加利福尼亚州立法机关又通过了关于劳动关系判定的 Assembly Bill NO. 5（也称 AB-5 法案）（California Government，2020）。该法案引入 ABC 标准作为雇员身份判定的新法则。

---

① 参见加利福尼亚州工业关系部（California Department of Industrial Relations）2021 年发布的《独立承包商与雇员》（*Independent contractor versus employee*）。
② 参见《联邦上诉法院判例汇编》第 3 辑第 641 卷第 895 页（2010 年）。

该标准要求在适用有关劳动法律时，一般要判定通过劳动或服务换取报酬的人为雇员，而非独立承包商，除非用人方能同时证明以下几件事：从业者在有关工作绩效方面不受用人方的指挥和控制，从业者完成的工作不是用人方的主营业务，从业者通常以独立形态参与交易、经营或者执业。与Borello标准类似，ABC标准也把证明从业者不是雇员的责任归于用人方，但ABC标准的简洁性和可操作性更强（杨云霞，2016）。

2018年4月宾夕法尼亚州东区联邦地区法院对拉扎克诉Uber科技公司案［Razak v.Uber Technologies，Inc.，951 F.3d 137（2020）[①]］的判决主要是根据Donovan标准（道格林等，2020）做出的。该测试标准将平台劳动者判定为雇员时，主要考虑以下六个因素：第一，用人方对从业者的工作方式有多大的控制权；第二，从业者获益或亏损的机会是否取决于其管理技能；第三，从业者是否为完成工作任务而需要在设备、生产资料上投资；第四，从业者提供的服务是否需要特殊技能；第五，用人方和从业者之间关系的持续性和长期性如何；第六，从业者提供的服务是否属于用人方业务范畴。

2019年，美国劳工部基于六个要件判定新就业形态从业者不属于劳动者群体，而是独立承包商：第一，平台对新就业形态从业者工作的控制；第二，从业者和平台之间工作关系的长期性；第三，从业者对设备、器材或者辅助工具等的投资数量；第四，从业者提升自己工作技能（自主学习或接受培训）的自主权问题；第五，从业者是否有权自己控制利润或者亏损状况；第六，从业者的工作是否属于平台业务的重要组成部分。

美国联邦与地方立法、执法层次的差异影响了统一解决方案的达成，更多时候最终判决仍要回归案件的实际情况。在实际判例中，有判定零工为雇员的，也有判定零工为独立承包商的；甚至在同一地区，基于同一标准，最后的判定结果也大相径庭。例如，在外卖骑手劳森诉Grubhub外卖

---

① 参见《联邦上诉法院判例汇编》第3辑951卷第137页（2020年）。

平台案〔Lawson v.Grubhub，Inc.，13 F.4th 908 （2021）①〕中，基于
Borello标准，加利福尼亚州最高法院认为，Grubhub外卖平台的所谓控制
只针对劳动结果，而非具体的工作方式，加之骑手并未与平台建立长久的
关系，因此，整个服务过程更像是劳动者以自雇的身份完成的。法官据此
判定骑手为独立承包商。然而，同样是在加利福尼亚州，同样基于Borello
标准，2015年，在Uber科技公司诉伯威克案〔Uber Technologies，Inc.v.
Berwick（2015）〕中，鉴于Uber负责招揽司机、保证服务质量、进行市
场营销、为客户派遣司机等几乎所有内容，法庭判定Uber对司机服务有
全面控制权。此外，司机所提供的服务属于平台的常规业务，平台控制包
括车辆类型和GPS在内的工作设备、司机评分、司机获酬费率等。综上，
基于加利福尼亚州劳工法，伯威克被法庭归属为雇员。

　　针对以上一系列测试要件，加利福尼亚州最高法院强调，不能孤立、
机械地使用这些指标，它们是交织在一起的，各自的权重因不同的组合而
存在差异，因此需要适用与这一复杂体系相适应的司法技术〔S.G.Borello
and Sons，Inc.v.Dep't of Indus.Relations，48 Cal.3d 357（1989）〕。联邦第
九巡回上诉法院也提出，这些要件中没有任何一项是决定性的，也不存在
全部要件一致指向劳动关系或独立承包关系的情况，因此，应当评估和权
衡各个要件〔Ayala v.Antelope Valley Newspapers Inc.，59 Cal.4th 533
（2014）〕。这些测试标准并不能像使用数学公式一样套用到具体的实际案
件中，也并非设计精确、逻辑严谨。测试标准更像是一套提示性的指标体
系，提示法官劳动关系的各种表征，法官基于此进行最后的判定。如果一
个案件中同时存在相互冲突的衡量要件，决定权就交给法官。在这种情况
下，选择哪些要件进行衡量、如何衡量、如何定性的权力就完全由法官拥
有，因此，判定结果就存在很大的不确定性。在实务中，这些法院和法官
更关注的是具体和实际的工作条件，而不是双方的合同签订情况，因此，
有判定平台劳动者为雇员的判例，也有判断平台劳动者为独立承包商的情

---

① 参见《联邦上诉法院判例汇编》第4辑第13卷第908页（2021年）。

况。此外，部分法院并不纠结于平台与劳动者双方关系的判定，而旨在解决实质问题和责权归属。

12.2　英国

传统上，英国对劳动者采用"二分法"的划分方式，即将其分为雇员和自雇工人（self-employed workers），只有前者的劳动权益能获得劳动法的保护。

随着用工模式的多样化和零工经济的到来，英国有越来越多的劳动者被排除在劳动法的保护范围之外。英国法院在判决时，通常会考虑合同中的措辞、当事人的实际预期等因素，反映了契约义务的社会现实性。为了应对劳动关系的转型和变化，英国政府开创性地引入了一种新的从业者类别——"非雇员工人"（道格林等，2020）。由此，英国的判例中便出现了"二分法"（雇佣和非雇佣）以外的"非雇员工人"等中间类别的划分。

《工会与劳资关系（巩固）法案》第296条规定，非雇员工人是指任何在私立部门根据合同为非专业客户工作或提供服务的个人。该法第230条第3款将"工人"定义为"依据雇佣合同或个人承诺的其他形式而工作的个体"。2010年，《歧视法》对"工人"有了更为广泛的概念界定，扩大了法律的覆盖范围——有了"个人工作合同（a contract of personally to do work）"的概念。

实际上，非雇员工人并非全新的劳动者类别，只是雇员的上位概念，即对现阶段暂无法判定为雇员但又部分符合雇员身份要件的群体的统称。在英国，非雇员工人可以拥有最低工资、最低工时、带薪年假、病假等雇员权利以及与之相区别的集体权。英国对雇员身份的判定通常有控制标准、组织标准和多因素标准等。控制标准的使用历史最为悠久，考察用人方对从业者工作的控制程度。后来又有了组织标准，即从业者对用人方是否存在组织从属性，主要包括从业者的工作是否为用人方业务的组成部分、用人方的人事管理规制是否适用于从业者、从业者是否能够获得津贴或其他合同约定的权益（见表12-2）。

表12-2　　英国平台用工性质判定测试体系（是否为雇员）

衡量要件	标准名称	
	控制标准	组织标准
从业者的工作过程是否被用人方控制	√	√
用人方是否为从业者提供劳动工具和劳动场所		√
经理或主管是否对从业者的工作量负责，是否对工作时间和方法进行管理		√
从业者是否请人代劳		√
从业者从事的业务是否构成用人方常规或重要业务的组成部分		√
用人方和从业者是否认为彼此之间具有雇佣关系		√
从业者在生产或服务设备、资料上的投资情况		√
从业者是否有权获得约定或法定病假工资、产假或陪产假工资、带薪休假或退休金计划等		√

在司法实践中，雇员判定的法律要件强调雇佣的稳定性和长期性，法庭在做出雇佣关系判定时通常考量以下因素（王天玉，2021）：除休假时间外，从业者必须定期、定时工作，并根据工时获得报酬；经理或主管对从业者的工作量负责，对工作时间和方法进行管理；从业者不能请人代劳；从业者享有带薪休假，有权获得约定或法定病假工资以及产假或陪产假工资；从业者可以参加用人方的退休金计划，适用用人方的纪律和申诉程序；从业者在用人方指定的地点工作；合同规定了裁员程序；用人方提供工作所需的材料、工具和设备；从业者只为用人方工作，或者即使有其

他工作，也与他们在用人方的工作内容完全不同；与用人方订立的合同、条款和条件声明或录用信（也可称为"雇佣合同"）使用了"雇主""雇员"等术语。

依据《工会与劳资关系（巩固）法案》第230条的规定，雇员和非雇员工人与用人方建立的都是雇佣关系，其不同之处在于：前者与用人方正式签订雇佣合同并根据合同的要求开展工作，而后者是根据默示、书面或口头合同亲自提供劳务。在判定从业者是否拥有"非雇员工人"身份时，英国法院通常会考量工作的自由度和亲自履行性。工作的自由度是指个体在工作中有较大的自由裁量权，以决定其工作时间（是否工作、工作多久等），但是仍需要接受用人方的部分管理。亲自履行性是指从业者虽然在工作中不必完全遵从用人方的指令，但是工作必须由从业者自己完成，即亲自履约（Freedland and Kountouris，2011）。

在司法实践中，非雇员的判定标准常包括（王天玉，2021）：从业者偶尔为某一特定用人方工作；用人方不需要为从业者提供工作，从业者也不需要接受工作，只在其想工作的时候才会工作；从业者与用人方签订的合同中使用了"临时""自由职业者""根据需要"或类似的术语；从业者必须同意用人方的条件（口头或书面），才能获得工作；从业者在经理或主管的监督或控制下工作，不可以请人代劳；用人方从工资中扣除税款和保险费；用人方提供生产资料。

总的来说，继传统的"二分法"之后，英国引入了"非雇员工人"这一类别，现阶段主要采取"三分法"，将劳动者分为雇员、非雇员工人、自雇者（自雇工人）。从业者身份的判定标准也随着劳动关系的转型从开始的"工作过程控制"这一单一且宽泛的标准，发展为后来不断确切化和精细化的复杂指标。与美国类似，在司法实践中，对平台从业者身份的判定会受到案件具体情况的影响，即遵从"事实优先原则"。法官通常会从控制性视角出发，在综合考量多种要件的基础上判断从业者的身份与归属，其关注重心放在平台对工作过程的控制性、工作内容是否为平台业务的组成部分，以及工作是否亲力亲为等要件上。

12.3 澳大利亚

2016年的统计数据显示（Minifie，2016），在澳大利亚，有大约不到8万人（占成年人总数的0.5%）每年定期在数字平台上或通过数字平台进行工作（每月超过一次）。德勤经济研究所（Deloitte Access Economics）（2017）发现，2015—2016年，新南威尔士州有92 000人（约占当地成年人口的1.5%）从某个数字平台上获取收入，但其中只有少部分人被认定为通过从事平台工作来获取收入（因为存在出售资产或其他非劳动力创收活动）。相关数据表明，在最常见的平台应用程序中进行的各种工作（诸如旅客运输、快递、维修、保养以及个人服务等）在总就业中所占的比例很小。目前看来，零工工作的重要性在澳大利亚被学界、舆论、社会夸大了（Stewart and Stanford，2017）。

在澳大利亚，大多数零工并没有全职从事零工工作（Mishel，2015），零工工作的收入通常被视为其他收入的补充，因此，个体通过零工工作获取的平均收入较低，尤其是对于那些仅从事兼职工作的人来说。Recurrency（2017）对支付数据的分析表明，在通过数字平台赚钱的人中，55%的人每月收入少于100澳元，85%的人每月收入少于500澳元。

在现阶段，澳大利亚并没有专门针对零工或者平台劳动的法律条款，但是有一些现行法规可能适用于零工或者平台工作，能够在与中介方和最终用户的交易中给劳动者提供一定的保护。然而，在设计这些法规时，立法机构并没有特别考虑对零工经济的适用性，因此，这些法规在零工经济中使用时，相关性和功能性都会大打折扣，需要进行持续的测试和解释，以便更好地了解这些法规的适用范围和有效性。

与大多数国家和地区类似，澳大利亚零工经济的关键问题之一是零工法律地位的不确定性。澳大利亚联邦的主要劳工法规——《公平工作法》（*Fair Work Act*）（2009）规定的大多数义务和保护仅适用于传统雇员，包括关于最低工资、工作时间限制、带薪休假的权利、防止不正当解雇的保护以及大多数集体谈判权的规定（Stewart and Stanford，2017）。

与其他同类法规一样，《公平工作法》并未明确"雇员"的定义，而是由司法部门制定了一套普通法原则来确定是否应将劳动者归为此类（Stewart et al.，2016）。雇员身份的确定必须满足以下两个要求：

第一，劳动者正在根据与据称是其雇主的个人或组织的合同提供服务。如果双方之间没有合同，就不可能有雇佣关系。这就解释了代理机构派遣的劳务工人通常不能成为该代理机构雇员的原因，工人的合同通常是与代理机构签订的。如果说有人是雇主，那就是第三方代理机构（Stewart et al.，2016）。

第二，与企业之间的商业安排相比，双方之间的任何合同都必须具有雇佣的特征。在确定劳动者是否为雇员时，法院考虑了一系列"指标"或因素，包括控制工作方式的权利、劳动者融入平台方业务的程度、付款方式、必要生产工具或设备的提供方、工人为他人工作的自由以及委派他人替自己工作的权利（Stewart and Stanford，2017）。

近年来，无论劳动者和平台企业是否签订了劳动协议而非劳动合同，抑或协议中是否有关于劳动者属于独立承包商的措辞，澳大利亚联邦法院越来越倾向于根据工作安排和条件的本质或实际情况去判断双方的关系，而不是当事方同意的所谓"正式条款"；再加上由公平工作监察专员等机构执行的禁止某些形式的"假合同"的规定，企业以这种方式逃避雇佣关系中的义务变得更加困难且风险很高（Johnstone and Stewart，2015；Roles and Stewart，2012）。部分法官（尽管不是全部）甚至表明，除非有证据表明平台劳动者是根据自己的业务提供劳动力的企业家，否则他们不能被视作独立承包商。

与《公平工作法》等法律法规相比，《工作健康与安全法》（*Work*

Health and Safety Regulations，也称 WHS 法）的起草反映了立法机构在平台劳动立法上付出的努力。该法的目的是将保护范围扩大至雇佣关系之外（Johnstone and Stewart，2015）。在大多数司法管辖区中，统一的 WHS 法适用于任何"工人"。"工人"在广义上是指以任何身份从事任何工作，被"从事业务或经营者"（person conducting a business or undertaking，PCBU）雇用，或其工作受到 PCBU 的指导或影响。这种方法的动机是"不允许企业规避对保障劳动者健康和安全的责任"。面对不断变化的工作组织和供应链关系，澳大利亚立法机构认为维持较高的健康与安全标准极为重要。然而，即使将覆盖范围很广的 WHS 法应用于零工经济，也需要具体问题具体分析。例如，尽管 WHS 法适用于在任何地方（包括家中）进行的工作，但是仍然需要劳动者与 PCBU 有充分的关系。因此，即使 WHS 法的保护具有很强的包容性和适用性，也可能需要对某些条款进行澄清或强调，以确保更多的零工受到其保护。零工也可能无法获得其他与健康和安全有关的保护，例如工人的补偿条款通常仅狭义地适用于传统意义上的"雇员"。因此，如果没有特定的扩展，大多数零工可能会被排除在这种权利之外。

监管平台劳动的另一条潜在途径是法律，法律允许质疑合同条款，如果法院认为合同条款不公平，可以更改或取消。对于未归类为"雇员"的劳动者来说，有两个选择：一个是《独立承包商法》（*Independent Contractors Act*）（2006）第三部分适用于由承包商提供服务的合同，以及合同附带的工作安排。另一个是《竞争与消费者法》（*Competition and Consumer Act*）（2010），该法最初仅适用于消费者合同，后来进行了修订，旨在涵盖向"小型企业"提供服务的情况。该法很多条款可以用来保护平台劳动者免受不公平条款的侵害。在合同中，平台劳动者与各自的平台签订了合同。在实践中，澳大利亚竞争与消费者委员会（Australian Competition and Consumer Commission，ACCC）在这方面承担了很大的责任（Stewart and Stanford，2017）。

综上所述，在现阶段，澳大利亚虽然没有针对零工或者平台劳动的法律法规，但是一些现行规定或许能适用于平台工作的情况。在设计这些法律法规时，澳大利亚立法机构并没有特别考虑对平台经济的适用性，所以在实际应用中，还需要进行进一步测试和司法解释。

第13章
大陆法系国家

在上一章内容的基础上，本章将对包括中国在内的四个大陆法系国家（日本、德国、意大利、中国）的平台劳动立法与规制实践进行梳理和分析。针对以平台劳动者为代表的难以判断劳动者属性的群体，日本实务界基于"属集体法而非个别法"的观点将该群体划归为"类雇员"，同时赋予其工会法上的集体谈判权，从而向其提供一定程度的保障。德国目前较少有学者支持将新就业形态从业者定义为"类雇员"。意大利的劳动法律在"从属性劳动"与"自治性劳动"划分的基础上，引入了"准从属工人"作为"自治性劳动"的特殊类别。我国现阶段在法律层面没有出台针对平台劳动的相关立法和劳动关系的统一认定标准，但是大多数案件判定最常用的依据是双方是否具有"从属性"，而非依据双方已经签订的用工协议，重在从多种标准和实际工作条件的综合分析中得出结论。

13.1　日本

日本有"类雇佣工作方式"概念，涉及所有"非雇佣"情况，包括但不限于平台劳动范畴，这在一定程度上表明平台劳动仍不在现行日本国内劳动法的保护范围内。日本的外卖、快递、网约车平台已经发展得非常成熟，平台劳动者的社会保障、工作条件等问题很多都得到了解决。因此，日本学界、政府在探讨平台劳动相关问题时，更多地将平台劳动定位为传统正规就业的补充，关注的是其作为一种释放劳动力和促进兼职就业的手段，并不倾向于将其作为传统就业形态的替代。日本相关政策制定的前提是不将平台劳动作为"新型"就业形态单独探讨，所谓"创新"也只是在匹配手段上——由网络平台替代了传统的电话、邮件等（仲琦，2020）。

日本现行劳动法或相关法规并没有直接定义"劳动关系"，但是有对"劳动者"的定义，用工方被称为"雇主"。个别劳动法的"劳动者"概念基本都引自《劳动基准法》，劳动者是指不分从事职业的种类，被企业或事务所使用并获得薪酬的人。日本《劳动契约法》作为民法的特别法，定义了"劳动者"的概念，并规定了其权利义务关系的基础。相对而言，《劳动基准法》为了保护劳动关系下的劳动者，设定了劳动条件最低标准，对企业的违规行为通常会进行惩罚，并采取进一步的监督手段。此外，日本有"雇佣合同"概念，民法对此提供了《劳动契约法》之外的一般合同法理作为补充。《劳动基准法》《劳动契约法》中的"劳动合同"与民法中的"雇佣合同"实际上都是指同一类型的合同关系。鉴于法律在功能上的差异性，不同法律对此关系有不同的表述（菅野和夫，2019）。

就日本集体法而言，日本工会法规定，劳动者是指不论职业种类，依靠薪金、工资及其他同等收入而生活的人。区别于《劳动基准法》定义的劳动者，日本工会法不要求劳动者被雇主使用，只要是依靠薪金等收入生活即可，并且没有获得薪金的失业群体也包括在内。

在日本最高法院的判例中，基于日本工会法"劳动者属性"界定的仅有"CBC管弦乐团事件判决"。从20世纪末起，日本法院多次取消了劳动委员会认定的基于工会法"劳动者属性"的命令。近年来的判例主要包括（菅野和夫，2019）：

（1）考虑"使用从属性"而不考虑"经济从属性"，采用与《劳动基准法》"劳动者属性"判断标准相同的"使用从属性"判断标准进行判断；

（2）仅根据"经济从属性"进行判断；

（3）结合两种属性，但是以"经济从属性"为主、以"使用从属性"为辅进行判断。

日本最高法院2011—2012年的"三大判决"采用复合判断方式，推翻了采用"使用从属性"的东京高等法院判决。基于上述判决，工会法"劳动者属性"的基本判断要素可归纳为：

（1）被编入事业组织；

（2）合同内容由雇主单方决定；

（3）劳动者获取的报酬具有劳务对价性质。

此外，补充判断要素包括：

（1）具有承接业务委托之关系；

（2）在指挥、监督下提供劳务，具有一定的时间和场所拘束性。

就日本个别法而言，《劳动基准法》定义"劳动者"时，要同时符合两个要件：其一，被企业或事务所使用；其二，获得薪金。然而，"被使用"和"薪金"的界定都太过宽泛，在实务中需要进行具体解释才能明确"劳动者属性"的判断基准。公认的日本"劳动者属性"判断基准是1985年劳动基准法研究会报告中"关于《劳动基准法》的'劳动者'判断基准"。该基准规定，在判断"劳动者属性"时，无须过度关注合同的形式是雇佣还是承包，而是要依据实际情况和实质进行判定。基本判断框架为：一方面，劳动者是否在雇主的指挥、监督下劳动；另一方面，劳动者是否属于领取具有劳务对价性质报酬之人。

首先，是否构成指挥、监督下的劳动的判断要素包括：第一，是否有接受业务委托、工作指示等的自由；第二，业务执行是否有指挥、监督；第三，工作场所和工作时间是否有拘束性；第四，是否有代替性等。

其次，报酬是一定时间内劳动者提供劳务的对价，这是构成"使用从属性"的补充要素。

若根据上述两点仍然无法判断，可以依据以下补充要素进行判断：生产工具归属、报酬金额、有无使用商号等，以及是否仅从属于一个用工方（仲琦，2020）。

同时，关于平台从业者相关规制的范围划定问题，日本学界提出了以下几种观点：

一是扩大传统的"劳动者"概念，将平台从业者包括在内。这主要有两种模式，即完全适用模式和部分适用模式。前者是把原有的劳动者保护相关条例和规定完全适用于平台劳动者，后者则是有选择地使平台劳动者适用部分保护规定。

二是构建劳动者与非劳动者之外的"类雇员"概念。对于"类雇员"，可以沿用传统劳动法的部分规定进行保护，相关法律法规就是建立在"类雇员非劳动者"这一原则的基础上的。但是，在这种部分适用模式下，会产生适用对象范围划定不明确的问题。

三是根据平台劳动者的特性制定全新的法律法规，构建"类雇员"概念。但是，在根据其特性制定全新的法律法规时，同样存在"类雇员"概念范围划定问题，而且立法工作量大、周期长，无法有效利用现有法律法规资源。

四是从现有劳动者判断基准中去探讨"类雇员"概念的范围。但是，由于日本集体法和个别法的适用对象范围不同，必然会出现归于集体法适用对象范围内，却被排除在个别法适用对象范围外的当事人。

在认定实践中，针对厨卫和音响设施修理业者、快递员等劳动者属性判断问题，日本法院基本上承认了集体法的劳动者属性，但是否认了个别法的劳动者属性。因此，针对难以判断劳动者属性的群体，日本实务界基于"属集体法而非个别法"观点将该群体划归为"类雇员"，同时赋予其工会法的集体谈判权，从而向其提供一定程度的保障。

Uber Eats 平台在日本占有很大的市场份额。实际上，在平台送餐出现之前，日本传统外卖行业已经出现了以餐馆为加盟单位的综合订餐网站。订餐者可以通过 App 追踪送餐员的行进路线，并评价送餐员的服务表现。因此，从订餐者的角度看，通过 App 进行打分、追踪路线等功能并不能成为传统外卖与平台外卖的划分标准。二者在法律关系上的本质区别在于，传统外卖送餐员与餐馆签订劳动合同，属于餐馆的员工；而 Uber Eats 等平台的送餐员并没有与平台或者餐厅中的任一方签订劳动合同，只是"加盟"送餐平台，计件获酬。Uber Eats平台的送餐员有时会出现没有工伤保险、报酬计算标准不透明等问题，因此，2019年日本成立了Uber Eats送餐员工会，以与平台进行集体谈判的方式来保护送餐员的权益（川上资人，2019）。

13.2 德国

德国传统劳动法对雇员（arbeitnehmer）和自雇者（selbständiger）进行了区分，但是原来的界定比较狭隘，大量厂外工作者无法获得权益保障。《家内工作法》（Bundesministeriums der Justiz，2024）的颁布使更多学者和立法者试图推动劳动法律覆盖至其他非典型从业者，最终引入了"类雇员"（arbeitnehmerähnliche person）概念，形成了独特的劳动法律体系。德国法律对"自雇者""雇员""类雇员"等概念的界定比较分散。《德国商法典》（Bundesministeriums der Justiz，2025）在第84节第1款第2句对"商事独立代理人"和"商事雇员"进行了区分，把基本上能自由安排工作任务和工作时间的人确定为自雇者。《经营条例》（Bundesministeriums der Justiz，2024）第106条提到，雇员须接受雇主对"劳动给付的内容、时间和地点"的合理裁量；《集体合同法》（Bundesministeriums der Justiz，2020）第12a条第1款则规定，"类雇员"为那些具有经济从属性且像雇员一样需要倾斜保护的人（王倩，2017）。学者们对各项法律规定进行归纳总结后认为，所谓自雇者，就是能够自由安排工作事宜的人；与之相对应，雇员需要通过私法合同建立雇佣关系并提供非自主的依附劳动，在工作中遵循雇主的指示行事；类雇员则介于两者之间，具有行动自主权和经济从属性，且需要社会保护（魏斯、施米特，2012）。

类雇员一方面通过意思自治原则与用工方订立合同，受民事法律管辖；另一方面可以享受部分劳动法律保护，比如按《联邦休假法》（Bundesministeriums der Justiz, 2013）的规定享有法定带薪年休假、按《改善企业补充养老保险法》（Bundesministeriums der Justiz, 2022）的规定加入企业养老金系统、按《劳动安全保护法》（Bundesministeriums der Justiz, 2024）和《一般平等待遇法》（Bundesministeriums der Justiz, 2023）的规定获得保护、按《劳动法院法》（Bundesministerium der Justiz, 2024）的规定在劳动法院处理纠纷、按《集体合同法》的规定签订集体合同等（王倩，朱军，2015）。除此以外，解雇保护等其他劳动保护规则基本不适用于类雇员（Sorge, 2010）。而在类雇员内部，不同群体所享有的权益水平也是不同的（Duäbler, 1999）。为企业安排交易的"商业代表"主要由《德国商法典》管辖，很少适用劳动法律；没有雇佣他人且长期只为一个客户服务的类雇员有义务根据《社会保险法典（第6部）》（Bundesministeriums der Justiz, 2024）第2条第9项的规定参加法定养老保险计划；但是需要自行缴纳全部费用；独自或与家庭成员（或两名及以下帮工）在选定工作场所根据委托工作的"家内工作者"所获得的保护最接近雇员（王倩，2017）。

判断雇佣关系的关键在于从业者的身份。鉴于德国存在雇员与类雇员的分类，下文也将从雇员的身份认定和类雇员的身份认定两方面进行分析。

13.2.1 雇员的身份认定

在德国，"雇佣关系"和"雇员"的认定多由学术界和司法界来完成。德国劳动法学家认为，雇员是基于私法合同为他人提供服务或劳动的人。德国劳动法曾直接指出，雇员身份的关键在于从业者是否对用工方存在人格从属（王倩，2017）。联邦劳动法院也在2005年的一份判决书［BAG, Urteil vom 25.5.2005 – 5 AZR 347/04］中指出，具有人格从属性、有义务在他人指挥权约束下基于私法合同完成劳务给付的人就是雇员。2017年4

月 1 日，德国联邦议会修订《德国民法典》（*Bundesministeriums der Justiz*, 2025），在第 611 条增加了"雇佣合同"及其衍生概念。综合来看，德国司法界和学术界主要采用人格从属性（persönliche abhängigkeit）作为区分从业者身份的判断标准。

在司法实践中，法院首先遵循"事实优先"原则和"个案综合考量"原则（娄宇，2019）。所谓事实优先，就是当用工事实与合同文本约定不符时，法官应当依据前者判断用工关系的性质；而根据个案综合考量，则要求法官对个案的所有细节都予以关注，并结合行业、岗位等现实因素综合判断。

在具体判断上，法官主要从"从业者是否融入了用工组织"和"从业者是否在用工方的指挥下工作"进行考量（王倩，2017），其核心在于用工方是否在工作的内容、实施方式、时间和地点四个方面拥有指挥权，从而使从业者受到一定程度的约束并表现出人身依附特征。如果从业者需要服从上级、指挥下级，处于企业组织人事架构之中，通过团队合作或用工方所提供的工具、设备和场所完成工作，接受考察和监控，遵循排班表和生产计划或报告工作进展，就极有可能被认定为融入了用工组织。而用工方若能详细安排从业者的工作方式，则易被视为存在指挥约束。

13.2.2 类雇员的身份认定

与雇员相比，类雇员的典型特征为不具有人格从属性，所以他们无须融入组织，也很少被指挥权所支配。而与自雇者相比，类雇员是"具有经济从属性"和"需要社会保护"的人。根据德国《集体合同法》第 12 条的规定，若想被认定为存在经济从属性，从业者需要满足四个条件：第一，以客户利益为导向；第二，基于特定项目签订服务合同（service contract）；第三，亲自履行或尽量不雇佣帮手（subordinate employees）；第四，主要为同一客户工作且超过 50% 的收入来源于该客户（对于艺术家、作家和新闻工作者而言，其收入的 1/3 源于同一客户即可）（Sorge，2010）。至于该从业者是否需要与雇员类似的社会倾斜保护，就要求法官根据对个案事实和社会观念的掌握，进行综合判断（瓦尔特曼，2014）。

有德国学者提到，从同一客户获取 50% 以上收入的要求可能阻碍新就业形态从业者被认定为类雇员，但是，若将同一平台的不同服务对象作为"联合雇主"，那么被认定的概率会更大。不管怎么说，类雇员的认定仍然要依赖司法机关，而且平台可以像避免从业者被认定为雇员一样，避免从业者被认定为类雇员（娄宇，2019）。所以，目前德国较少支持将新就业形态从业者定义为类雇员。

德国认定从业者身份的标准见表 13-1。

表13-1　　　　　　　　　　德国认定从业者身份的标准

身份	考虑因素
雇员	（1）从业者是否在用工方的指挥下工作：用工方是否在工作的内容、实施方式、时间和地点四个方面拥有指挥权；用工方是否通过口头通知、雇佣合同或规章制度等对工作方式进行安排 （2）从业者是否融入了用工组织：从业者是否需要服从上级、指挥下级；从业者是否处于组织的人事架构之中；从业者是否通过团队合作或用工方所提供的工具、设备和场所完成工作；从业者是否需要接受用工方的考察和监控；从业者是否需要遵循排班表和生产计划或报告工作进展
类雇员	（1）从业者是否具有人格从属性，即是否融入组织或被指挥权所支配 （2）从业者是否具有经济从属性，即是否以客户利益为导向、基于特定项目签订服务合同、亲自履行或尽量不雇佣帮手、超过 50% 的收入来源于同一客户 （3）是否需要与雇员类似的社会倾斜保护

13.3　意大利

意大利的劳动法律在"从属性劳动"与"自治性劳动"的基础上，引入了"准从属工人"作为"自治性劳动"的特殊类别。"准从属"的内涵及其对应权益则随着意大利劳动力市场的动荡，经历了漫长的演进过程。

1942年《意大利民法典》（*Codice Civile Italiana*）将从业者分为从属工人（即雇员）和自治工人（即自雇者）两类。按照该法第2094条的规定，所谓从属工人，就是基于报酬，有义务在组织内服从雇主并在其领导下给付体力或脑力劳动的人；所谓自治工人，就是订立劳务合同、承揽合同、委托代理合同等并据此给付体力或脑力劳动的人。

1973年，修改后的《意大利民事诉讼法》（*Codice di Procedura Civile Italiana*）将劳动诉讼程序扩展至自治工人中的"准从属工人"（lavoratori parasubordinati/ quasi-subordinate）。准从属工人是指主要由自己完成工作、不具备从属性，但是与用工方建立了持续与协同合作关系（la collaborazione coordinata e continuativa）的一群人。准从属工人作为自治工人的特殊分类，只享有有限的程序性权利（主要是被允许进入劳动法院），并不拥有休息休假、加班工资、劳动保护等实质性劳动权利（Cherry and Aloisi，2018）。出于对成本的考虑，越来越多的企业开始隐藏真实的雇佣关系，将雇员转为准从属工人（Liebman，1999）。2003年，立法机关推行比亚吉改革（Biagi Reform）（Italia Government，2013），要求企业必须真实地委托准从属工人进行项目工作（lavoro a progetto / project work）；如果从业者的工作具有连续性且接受企业的管理，就应被归为从属工人（Tiraboschi，2005）。但是，此次改革并未取得预期的效果，反而饱受批评。

2015年，意大利《就业法案》（*Jobs Act*）（Italia Government，2015）

删除了"项目工作"概念，引入了"由委托人组织合作"（collaborations organised by the principal）的新概念。"由委托人组织合作"的从业者主要由本人完成任务，能够就时间、地点、绩效等工作事宜与委托人协商，在法律适用上接近自治工人。从2016年起，立法机构将雇佣法规的范围延伸至由个人持续开展活动、由委托人组织、参考工作时间和地点的准从属工作关系，但存在一些例外，比如不适用国家集体谈判协议规则，而其他准从属工作关系仍被排除在雇佣关系之外（肖竹，2018）。

鉴于意大利在自治工人下设置了"准从属工人"，下文将围绕从属工人和准从属工人的身份认定进行分析。

13.3.1　从属工人的身份认定

意大利劳动法将从属性作为判定从属工人的核心准则。在司法判例中，法官首先遵循《意大利民法典》第1362条规定的"事实优先"原则，然后根据"管理权力"（eterodirezione/managerial power）和其他辅助因素进行判断（Del Conte，1995），主要包括：

（1）用工方是否能单方面决定工作规则；

（2）从业者是否融入了用工组织；

（3）从业者是否持续提供劳务；

（4）从业者工作的方式、时间和地点等是否被用工方限制；

（5）该工作是否有偿；

（6）从业者是否承担与生产有关的损失风险；

（7）从业者是否具有不可替换性，即是否需要亲自履行劳务给付义务。

13.3.2　准从属工人的身份认定

《就业法案》中的准从属工人常被称为"持续协同的合作者"（continuous and coordinated collaborators），其身份认定须考察三大要点：

（1）从业者的工作是否连续，即该从业者是否非偶然地、重复多次地提供服务；

（2）从业者的工作是否与用工方相协同，即从业者的劳务是否与委托人的经营业务存在关联、从业者是否能自主或与委托人协商决定工作的履行方式、时间与地点等；

（3）从业者的劳务给付是否具有高度人格性，即是否在委托人的生产管理活动中发挥重要作用（Countouris，2007）。

意大利认定从业者身份的标准见表13-2。

表13-2　　　　　　　　　　意大利认定从业者身份的标准

身份	考虑因素
从属工人	（1）用工方是否能单方面决定工作规则 （2）从业者是否融入了用工组织 （3）从业者是否持续提供劳务 （4）从业者工作的方式、时间和地点等是否被用工方限制 （5）工作是否有偿 （6）从业者是否承担与生产有关的损失风险 （7）从业者是否具有不可替换性，即是否需要亲自履行劳务给付义务
准从属工人	（1）从业者的工作是否连续 （2）从业者的工作是否与用工方相协同 （3）从业者的劳务给付是否具有高度人格性

13.4　中国

当前，我国互联网平台从业者的权益保护相对缺失，一个重要原因在于我国劳动者保障制度与劳动关系紧密相连。我国现行的劳动关系调整机制和基本制度主要是基于传统用工方式的特点而制定的。这些法律制度保护劳动者的平等就业权、劳动合同权、社会保险权、集体协商权、休息休假权等。

在当前的劳动法律制度框架内，劳动者享有各项权益、获得劳动保护的前提是与用人单位有劳动关系。平台从业者与平台的关系如果被认定为劳动关系，各项劳动保护和社会保险待遇才会随之而来；如果未被认定为劳动关系，平台从业者则无法得到劳动法和社会保险法的保护（梁娜娜，2021）。因此，关于劳动者权益保障的有关制度规定，法定工作时间、最低工作标准、失业保险、员工福利等都是建立在传统意义上的劳动关系认定基础上的，即明确的劳动关系是劳动者权益保障的前提。在我国，现行《工伤保障条例》规定，参保者必须具有劳动关系，由雇主缴费。网络平台上的新业态从业人员普遍是灵活就业或自我雇佣，难以满足现行工伤保障制度的参保条件。此外，我国公共就业服务的主要对象以存在传统劳动关系的专职劳动者为主，中央及地方财政用于职业培训等的政策性就业补贴主要支持传统用人单位，缺乏明确劳动关系的新就业群体在享受职业发展福利方面明显处于弱势（于凤霞，2021）。

在现行法律框架下，劳动者与用人单位建立劳动关系，是适用劳动法律的基本前提。我国通过制定《中华人民共和国劳动法》《中华人民共和国劳动合同法》《中华人民共和国社会保险法》《中华人民共和国安全生产法》《中华人民共和国劳动争议调解仲裁法》《国务院关于职工工作时间的规定》等一系列法律法规，形成了劳动者权益保障法律体系。我国劳动法律并未明确规定劳动关系的认定标准，在实践中，从属性认定主要依据劳动和社会保障部《关于确立劳动关系有关事项的通知》（劳社部发〔2005〕12号）。从学理上分析，劳动关系确立与否需要通过从属性来判断：一是人格从属性，即在劳动过程中，劳动者要服从用人单位的管理和指挥，遵从用人单位的工作安排，遵守用人单位的劳动规章制度；二是经济从属性，即劳动者通过提供劳动获取劳动报酬，经济上依附于用人单位；三是组织从属性，即劳动者的劳动是用人单位经营业务的组成部分，劳动者是为用人单位劳动而非为自己劳动（林嘉，2021）。

现行劳动关系从属性判断标准主要针对的是大工业时代稳定、长期的劳动关系，以大工业劳动者为对象，重工业体系建立、大批量和流水线生产方式革命，强化了雇主与劳动者之间的从属关系（田思路，2019）。在传统生产作业中，劳动时间、劳动场所等工作要素较为固定，劳动者接受用人单位严格的管理，一个从业者仅为一个雇主提供劳务且在生存性收入上依赖该雇主。新就业形态则呈现出新特征，具体而言，在平台用工中，平台通常要求劳动者自带生产工具和设备，管理方式呈现碎片化，从业者可以自主决定工作开始和结束的时间，劳动报酬通常是平台按比例分配，平台通过线上评分体系对从业者进行业绩考核和奖惩。同时，平台往往事先通过签订线上协议的方式将平台与从业者之间的关系约定为合作关系或居间关系，而非劳动关系或雇佣关系，以排除劳动法律的适用性（林嘉，2021）。平台用工这一互联网时代诞生的非典型用工方式的特殊性决定了其未必可以适用典型劳动关系的各种保护手段（王全兴、王茜，2018）。因此，现行劳动关系判断标准很难直接适用于新就业形态。

随着数字经济在我国的蓬勃发展，政府相继颁布了一系列政策，旨在逐步规范数字市场、支持数字经济发展。例如，2021年2月7日，国务院反垄断委员会制定并发布了《国务院反垄断委员会关于平台经济领域的反垄断指南》，然而，迟迟没有针对平台劳动的相关立法。在司法实践中，劳动仲裁机构和法院通常采用判定要素对平台和劳动者之间的关系进行个案认定。在实践中，平台工作的法律关系特征并不能一一对应判定传统劳动关系的因素，法院和仲裁机构需要考虑多方面因素，通过反复权衡做出判定。关于平台劳动的民事诉讼纠纷主要分为两类：一是劳动者对平台的起诉，大多是关于确认劳动关系及基于劳动关系的权益诉求；二是消费者在接受服务过程中遭受损害，而向平台企业（包括平台劳动者）提起的普通民事诉讼（吴勇、刘琦，2019）。在部分案件中，平台劳动者（零工）并不能被判定为雇员（班小辉，2020）。

2013年以来，我国出现了一系列代驾平台诉讼（吴勇、刘琦，2019；Zheng and Su，2023）。2014年，在"庄某与北京亿心宜行公司案"中，法院认为，该公司并未给劳动者提供固定的工作场所，劳动者可以控制自己的工作时间，并未从公司定期或按月收取劳动报酬，基于以上事实判定劳动者和平台之间的关系不符合劳动关系的特征。因此，庄某和北京亿心宜行公司之间不存在劳动关系。2017年，在"刘某与壹零壹捌公司案"中，法院认为，劳动者需要佩戴公司发放的工牌，在服务过程中受到平台的指挥，并在拒单时受到平台惩罚，以上特征与利益共享背景下各行其是的合作关系并不相符。此外，劳动者每日接单量平均不到1单，充分体现了工作时间的碎片化和工作安排的自由度。因此，和传统劳动关系相比，平台和劳动者的关系应该属于较为松散的劳务关系。

虽然以上案件中的劳动者不被判定为雇员身份，但是也有相反的案件，如2020年6月"朱某与甲公司案"。朱某在甲公司淮安大学城站点从事送餐服务，双方未签订书面劳动合同。在工作期间，朱某在送餐途中不慎摔伤，朱某受伤后未为甲公司提供劳动。2020年6月，朱某申请仲裁，甲公司不服，提起诉讼。甲公司向一审法院起诉请求：判定甲公司、朱某之间不形成劳动关系。一审法院认为，劳动关系是指用人单位招用劳动者为其成员，劳动者在用人单位的管理、指挥与监督下提供有报酬的劳动而产生的权利义务关系。在该案件中，朱某的工作受到甲公司的管理和监督，甲公司按月向朱某支付劳动报酬，朱某在经济上依赖甲公司，因此，朱某和甲公司之间存在长期、固定的劳务关系。朱某虽然签订了"个人工作室注册协议""项目转包协议"，但实际上，双方并未按照协议约定履行，甲公司与朱某之间具有形成事实劳动关系的实质性特征，一审法院确认甲公司和朱某之间存在事实劳动关系。甲公司上诉后，二审法院认为，"事实劳动关系"是指用人单位与劳动者之间没有订立书面合同，但是双方实际履行了劳动权利义务而形成的劳动关系。通常情况下，主要依据人格上、组织上、经济上的"从属性"判定双方是否构成劳动关系。因为朱某和甲公司存在人格上、组织上和经济上的从属性，所以，法院认定朱某与甲公司之间存在劳动关系。

此外，2014年，在"苏某诉重庆创新公司案"中，法院认为，由于劳动者从事的代驾服务属于该公司的主要经营业务，该公司和劳动者双方均具有法律法规规定的劳动关系主体资格，所以彼此之间构成事实劳动关系。

除以上案件外，还有一类案件是因为消费者等第三方受损而提起的诉讼，这类案件法院大多会判定平台承担责任，但是通常会回避认定平台公司与劳动者之间的内部关系（吴勇、刘琦，2019）。在中国人保永宁支公司诉北京亿心宜行公司、中国平安财险北京分公司等诉王某代位求偿权纠纷案中，法院认为，劳动者在代驾过程中需要遵守e代驾公司的规章制度，接受e代驾公司监管，衣着和胸卡都由e代驾公司统一发放，但是，劳动者是按劳获酬，并未按月获取工资，因此，虽然劳动者和平台之间无法确定存在劳动关系，但是存在雇佣关系。此外，法院之所以认定双方存在雇佣关系，旨在让平台承担雇主责任，但是回避了平台与劳动者之间的内部关系。

综上所述，在现阶段，我国没有出台针对平台劳动的相关立法和劳动关系统一认定标准，但是大多数案件判定最常用的依据是双方是否具有"从属性"，而非依据双方已经签订的用工协议，重在从多重标准和对实际工作条件的综合分析中得出结论。如果出现平台导致第三方受损的情况，法院倾向于认定平台承担赔偿责任，但是通常会回避对平台与劳动者之间内部关系的认定。

第14章

国际组织

除上述国家外，我们还将浅析相关国际组织的规制演进，主要包括欧盟、国际劳工组织、国际货币基金组织和经济合作与发展组织等。关于平台劳动者的身份问题，欧盟法院的观点是：各国将劳动者归为自雇者的行为并不妨碍欧盟法律将其重新分类为雇员。国际劳工组织对平台劳动者的政策和立场是：在"非正规就业"框架下，以实现平台劳动者"体面劳动"为目标。国际货币基金组织肯定了平台劳动者成为缓解企业劳动力参与、增长不足的渠道，但是并没有过多关注平台劳动关系认定或平台劳动者的雇员身份界定问题，主要探讨平台经济和参与劳动力的增长情况，并就低增长问题提出了相关的改善建议。经济合作与发展组织的政策建议并不纠结于"劳动关系"的认定，而是采取措施，积极地解决平台劳动者的保障、收入、培训、工作权等问题。

14.1　欧盟（EU）

在欧盟的法律体系中，竞争法的核心是经济自由，受到《欧盟运行条约》的保护。因此，欧盟将集体协议视为限制竞争的主要因素之一，当且只当集体协议旨在追求社会政策目标的时候，才会被解除禁令（道格林等，2020）。

2014年12月，在荷兰工会联合判决中，欧盟法院认定"集体劳动协议中的条款，例如诉讼中所涉及的条款，只要是由雇员组织以其成员的自雇劳务提供者名义并代表后者达成的，无法构成雇主、雇员之间集体谈判成果，不应被排除在《欧盟运行条约》第101条第1款的管辖范围之外［CJEU FNV vs Netherlands，case C-413/13 of 4 December 2014①］"。该案件涉及的集体劳务协议为通过劳务合同从事工作的自雇者确定了最低工资水平。在判决中，欧盟法院明确提出："国内法将劳动者归为自雇者并不妨碍欧盟法律对其身份的重新分类。"多重因素可以作为判定个体是单纯的劳务提供者还是雇员的标准和依据，如劳动提供者是否承担工作相关的商业风险。法院认为，"雇佣关系的基本特征是在一段时间内，劳动者在他人的指挥下为其进行劳务活动，同时换取报酬"，所以，这其实是以法律意义上的"从属关系"为判断基础，而不是根据具体合同的性质。对"雇员"身份的判定不仅要根据雇佣关系特有的客观标准，还要将相关者的权利、义务考虑进去。如果工作关系双方存在从属关系，劳动者就会被认定为雇员。

基于上述结论，2017年12月，在"职业精英出租车协会诉西班牙优步系统有限公司案"［Asociación Profesional Élite Taxi v. Uber Systems Spain SL（2017）］中，欧盟法院认定Uber并非一家IT服务公司，而是一家运输公司，因为该公司对司机的工作进行了严格的控制，所以，该平台并非简单发挥中介的作用。该案件在实质上肯定了Uber与旗下司机之间存在传统雇佣关系。

总的来说，关于平台劳动者的身份认定问题，欧盟法院的态度是：各国将劳动者归为自雇者的行为并不妨碍欧盟法律将其重新分类为雇员。因此，平台劳动者的自雇身份并不能反映他们实际的工作条件，可以依据现实工作条件中的多个因素将已归为自雇佣者的劳动者重新归类为雇员。

此外，欧盟将保护个人数据视为个体的一项基本权利，颁布了《通用数据保护条例》（*The General Data Protection Regulation*，GDPR）。该条例是欧盟采用的一套通用的保护个人数据的方法，适用于各成员国，其前身

---

① 参见2014年12月4日欧盟法院（CJEU）对荷兰FNV工会诉荷兰政府一案（案件编号C-413/13）的判决。

是欧盟于 1995 年制定的《计算机数据保护法》（European Commission，2019）。欧盟议会于 2016 年 4 月通过了该条例，该条例于 2018 年 5 月 25 日在欧盟成员国正式生效。该条例旨在通过让个人重新控制自己的数据来增强信任感，同时保证欧盟成员国之间个人数据的自由流动。自 GDPR 实施以来，几乎所有欧盟成员国都根据 GDPR 对其本国相关法律进行了修改。各国数据保护机构借助新的合作机制和欧洲数据保护委员会，负责执行新规则，并更好地协调行动。各国都发布了 GDPR 重要、关键问题指南，以支持新规则的实施。

该条例的适用范围很广泛，任何收集、传输、保留或处理涉及欧盟所有成员国的个人信息的机构、组织均受该条例的约束。只要数据的收集方、数据的提供方（被收集数据的用户）和数据的处理方（比如第三方数据处理机构）有任何一方是欧盟公民或法人，就将受到该条例的管制。这也就意味着任何企业只要在欧盟市场提供商品、服务，或收集欧盟各成员国公民的个人数据，都在该条例的管制范围之内。例如，如果一家中国在线销售公司的网站上，使用了有"面向欧洲市场"字样的产品说明或者标注了商品的欧元价格，就都可能被视为在欧盟市场提供商品或服务，就在该条例的管制范围内。该条例规定，对违法企业的罚金最高可达 2 000 万欧元（约合 1.5 亿元人民币）或者其全球营业额的 4%，以高者为准（European Commission，2019）。此外，一些电商网站会用大数据存储客户的搜索、购物记录，以便有针对性地推荐商品。该条例规定，电商网站必须事先向客户说明这些功能，并获得用户的同意；否则，将视作违法行为进行处理。

该条例重点保护的是自然人的"个人数据"，如姓名、地址、电子邮件地址、电话号码、生日、银行账户、汽车牌照、IP 地址以及 cookies 等。该条例监管的收集个人数据的行为包括所有形式的网络追踪。

此外，2024 年 10 月，欧洲议会和理事会发布了《改善平台工作条件指令》（European Parliament and Council of the European Union，2024）。该

指令提出，如果发现表明控制和指示的事实，根据国家法律、集体协议或实践以及考虑欧洲法院的判例法，数字劳动平台与通过该平台从事平台工作的劳动者之间的关系应被法律推定为雇佣关系，平台则负有反驳该法律推定的举证责任。

14.2　国际劳工组织（ILO）

国际劳工组织对平台劳动者的政策和立场是：在"非正规就业"框架下，以实现平台劳动者"体面劳动"为目标。

"非正规就业"概念首次由国际劳工组织于20世纪70年代初提出。20世纪90年代初，国际劳工组织又对其进行了明确界定，提出"非正规就业"是"在发展中国家的城市地区，收入水平较低、缺乏组织的小规模的生产和服务单位"，包括小型或微型企业、家庭企业、独立的服务者（杨伟国等，2020）。

国际劳工组织提出，任何形式的非正规就业都有以下共同点：合同期限短，工作时间不规律，工作无保障，多通过第三方机构介绍工作，有各种形式的独立自雇，有意将工作安排在法律和规则框架认可和保护之外（Benach et al.，2013）。此外，相较于正规就业者来说，非正规就业群体组织起来或者拥有有效代表其利益的组织更为困难。国际劳工组织提出，非正规就业者缺乏七类基本保障：第一，由宏观经济政策保障的充分就业机会，即劳动力市场保障；第二，对雇主单方解雇的保障、有关解雇和雇佣的规定、与经济变动相对应的职业保障和就业保障；第三，包括但不限于适合职业规划的工作保障；第四，劳动保障，主要涵盖职业安全卫生保障、全面的职业安全卫生规则、对工作时间的限制等；第五，技术再生产保障，即有权获取技术与保持技术的机会、全面的技术更新手段、全面的学徒和就业培训；第六，收入受到法律的保护；第七，通过工会或社会对话机制发出集体声音和表达集体意愿的代表保障（周畅、李琪，2017）。

国际劳工组织对待非正规就业劳动者的立场和目标是：旨在帮助这部分劳动者实现其工作的"体面化"，即"体面劳动"，其中也包括数字时代的平台劳动者。1999年，国际劳工组织首次提出"体面劳动"概念，此后这一概念被大多数成员方接受并认可。国际劳工组织提出的"体面劳动"是指劳动者有稳定的就业和稳定的收入，有家庭和工作之间的平衡，同工同酬，能够获得疾病、意外、失业、养老等多方面保障，有安全、卫生的工作环境，有获得培训、学习、发展自身技能的权利，在工作场所拥有自己的代表且享有基本人权（ILO，2016）。国际劳工组织提出，劳动"体面化"的实现需要政府政策、法律法规的干预，干预渠道主要有两种：其一，改变雇佣关系的定义，赋予其新的解释；其二，扩展对非正规就业者（包括平台劳动者）的权利保护范畴。具体措施如下：首先，确定对平台劳动者的保障并非基于传统的雇佣关系框架，而是以"劳动者"这个身份应享受的基本劳动权利为基础。其次，由于数字技术带来的影响是普遍性的，并不限于劳动力市场，所以，对平台劳动者的保障也要超越传统雇佣关系的框架，责任承担方不应只局限于企业，应明确社会的责任。因此，国际劳工组织、OECD、欧盟等国际组织都提出，需要扩大社会保障的覆盖范围，使其包括平台劳动者（周畅、李琪，2017）。最后，由于平台劳动者具有分散化特征，组织起来比较困难，包括国际劳工组织在内的很多国际组织都确认了平台劳动者享有结社权和集体谈判权。

国际劳工组织也通过相关的公约、建议书指导各国的政策制定和实施。例如，1994年颁布的《非全日制工作公约》规定，非全日制工人需要得到与同岗的全日制工人同样的保护；1997年颁布的《私人职业介绍所公约》提出，私人职业介绍所的劳动者享有结社和集体谈判的自由；2006年通过了《雇佣关系建议书》，旨在帮助成员方管理国内的雇佣关系，防止雇主逃避保护劳动者的社会责任。此外，国际劳工组织和欧盟一起制定了确认雇佣关系指南，该指南列举了国家、国际组织层面规制雇佣关系的一些实践和方法（European Labour Law Network，2013）。

　　自2015年以来，国际劳工组织一直致力于解决与平台和零工工作相关的问题（Walter，2022）。2019年，国际劳工大会通过了《国际劳工组织关于劳动世界的未来工作的百年宣言》，强调有必要应对与劳动世界相关的挑战和机遇。工作的数字化转型，包括平台工作，可以促进持久、包容和可持续的经济增长，实现充分的生产性就业和人人享有体面的工作。2021年2月，国际劳工组织发布了《数字劳工平台在改变劳动世界中的作用》（*The Role of Digital Labour Platforms in Transforming the World of Work*）的报告。该报告基于对12 000名工人和70家企业的调查，以及与16家平台公司和14个平台工人协会的访谈，构建了有关零工和企业在数字平台上所面临的机遇与挑战的全面图景。该报告强调，数字劳动平台的兴起有可能创造新的机会，为某些零工（如女性、残疾人或年轻人）提供灵活的工作安排，但是，也存在一些挑战。与此同时，平台也在改变工作组织和工作流程。在这个过程中，平台实际上将投资和运营的责任、成本的负担转嫁给了零工，这使得平台在更加轻资产化的同时，成功地将风险转移给了零工。该报告还指出，数字平台带来的主要转变之一是模糊了之前雇员和个体经营者的边界，给零工的福祉和工作条件带来了不确定性，尤其是在中低收入国家。数字平台也在改变个体进入劳动力市场的方式，有时零工必须通过佣金支付工作费用，而这些费用通常由平台单方面决定。此外，零工常常难以找到足够的高薪工作来赚取体面的收入，而且许多人无法得到社会保护，这在新冠疫情期间尤为严重。

　　2022年3月，国际劳工组织DWT/CO-新德里主任Dagmar Walter在新形式就业国际网络研讨会上，就金砖国家和"全球南方"的零工和平台工作发表特别讲话。他认为，已有的经验表明，国家层面的解决方案是不够的，因为平台在世界各地和多个司法管辖区运行（Walter，2022）。他提出，有效保护工人和企业的唯一途径是协调一致的国际努力。鉴于对平台劳动者的监管方式具有多样性，开展特定形式的国际监管对话和政策协调至关重要。这有助于降低监管方面的不确定性，使普遍的劳工标准适用于所有零工，无论零工的合同状况如何，也无论其身处哪个国家。零工等平台工作者应享有结社权、集体谈判权以及免受歧视行为和不安全工作场所的保护，而这一切需要协调一致的国际努力。只有这样，才能更好地保护零工的权益，更好地促进平台企业以及社会经济健康发展。国际劳工组织理事会在2022年10月召开了平台经济体面劳动专家三方会议。会议内容涉及以下几项重要提议：

- 确保零工的就业状况得到正确分类。
- 确保零工管理算法的透明度和问责制。
- 确保零工享有集体谈判的权利。
- 必要时通过扩展和调整政策及法律框架，确保所有工人，包括零工，都能获得足够的社会保障。

14.3　国际货币基金组织（IMF）

国际货币基金组织肯定了平台劳动是缓解企业劳动力参与、增长不足的渠道，但是并没有过多关注平台劳动关系认定或平台劳动者的雇员身份界定问题，主要探讨平台经济和参与劳动者的增长状况，并就低增长问题提出相关的改善建议。

国际货币基金组织认为，线上平台经济（online platform economy，OPE）的增长促进了工作性质的变化。2017年的统计数据显示，有超过4%的成年人通过连接到平台客户端来销售商品或服务以赚取收入，更多的人参与了正规就业以外的其他形式临时工作，劳动力市场提供了更容易获取收入的机会（Aslam and Shah，2017）。

IMF一直致力于平台经济和数字工作市场的相关探索。在已有研究中，IMF强调尽管劳动力和资本平台的参与度持续快速增长，但增长率已达到峰值。此外，基于迄今为止最大的平台参与者样本之一，IMF对个体参与度增长放缓进行了探讨（IMF，2016），超过240 000名匿名者在2016年10月至少获得了一次收入（Farrell and Greig，2016）。IMF区分了劳动力平台与资本平台，认为Uber或TaskRabbit之类的劳动力平台有时被称为"零工经济"，它们将客户与执行离散任务或项目的自由职业者、临时工联系起来；Airbnb或eBay等则是资本平台，它们将客户与租赁资产或点对点出售商品的个人联系起来（IMF，2016）。

IMF指出，在线平台的参与度增长放缓包括以下几个方面：第一，参与在线平台的增长率在2014年达到顶峰，此后一直在放缓。第二，自2014年6月以来，劳动力平台的月收入有所下降，这一趋势与某些平台的减薪情况相吻合。第三，在线平台的员工流失率很高，任何给定月份的参与者中有1/6是新参与者，一半以上的参与者在12个月内退出。第四，被雇佣者、高收入者和年轻参与者的离职率特别高。第五，随着劳动力市场的扩大，在劳动力平台和资本平台上，外部工作的参与者所占份额有所上升，这一部分对平台工作的依赖度较低（IMF，2016）。因此，随着外部选择的改善，招募和保留平台劳动者可能变得越来越困难。

IMF认为，首先，在线平台参与度的增长高度依赖吸引新的参与者或提高现有参与者的依赖度，仅凭平台工作提供的"灵活性"并不足以继续按现有条件吸引参与者。其次，诸如自动驾驶汽车和更广泛的自动化会减少部分平台工作的机会（IMF，2016）。因此，为了实现持续增长，需要使平台工作更具可持续性，并为普通平台劳动者提供支持。

此外，参与者的高流失率是设计这些支持系统的重要考虑因素。例如，许多政策制定者正在探索劳动者所获得的福利是否具有易迁移性（portable）。目前，许多劳动者按比例享受了福利，若需要手动操作福利的迁移，则与高离职率相关的行政负担可能很大。有学者建议，可迁移的福利需要真正普及并覆盖所有劳动者；否则，可能需要最低资格门槛或要求来减轻短期参与者的管理负担。

尽管平台经济的增长速度可能放缓，但这只是替代性工作安排日益普遍的一个缩影。Katz 和 Kruger（2019）指出，替代性工作安排中的工人比例，包括独立承包商或自由职业者，已从 2005 年的 10.7% 增加到 2015 年的 15.8%，平台经济无疑为企业的劳动力参与和增长提供了重要的窗口。

14.4　经济合作与发展组织（OECD）

总体上，OECD 的相关政策并不纠结于"劳动关系"的认定，而主要是采取措施积极缓解或解决平台劳动者的保障、收入、培训、工作权等问题。

OECD 的工作论文 *Gig Economy Platforms: Boon or Bane?*（Schwellnus et al.，2019）指出，平台零工经济的迅速兴起引发了有关经济和社会影响的激烈政策辩论，总结近年来新出现的证据可以看出，零工经济平台的规模仍然很小（仅占总就业人数的 1%~3%），但是增长迅速。该报告认为，数字零工就业虽然有利有弊，但是在众多领域已替代了传统的自谋职业。大多数实证研究表明，平台在使工人与客户匹配方面更加高效，减少了工作障碍，降低了工作门槛，能够解决通过提供工作机会给低产者带来的生产率提高受影响问题。充分利用零工经济平台的潜在优势，同时保护平台劳动者和消费者，需要调整产品和劳动力市场的现有政策，并在平等的基础上将其应用于传统企业。

一方面，OECD（2019）肯定了零工经济对工作市场的贡献，认为零工经济平台是一个潜在的"福音"，但是要充分利用其潜力来提高生产力和就业水平，则需要调整产品和劳动力市场政策。平台驱动的技术和组织创新已经减少了服务市场中市场失灵的发生率，这表明许多现有产品市场规则已过时。另一方面，OECD（2019）认为，平台经济的出现也对产品市场政策提出了新的挑战，包括在存在较强网络效应的情况下推动了平台之间的激烈竞争。改善平台劳动者的工作条件需要调整现行劳动力市场法规、集体谈判规则、社会保障和培训制度，从平台移除已设置的最低标准，修订防止平台劳动者集体谈判的法律规定，促进平台劳动者获得社会保障和培训的机会等。具体的政策建议包括（OECD，2019）：

一是除了跨平台的零工经济在产品市场规则的应用方面有差异外，零工经济在劳动力市场规则的应用上也存在显著差异。零工经济平台依赖个体经营承包商而非雇员，他们能够开发创新的业务模型。在这些模型中，他们可以根据需求波动，如通过激增定价，迅速调整产能。但是，对自雇承包商的依赖也引发了监管中立和对平台劳动者的充分保护问题。劳动力市场政策面临的挑战是在工作安排中保留足够的灵活性，以使创新的业务模式得以成功，同时为平台劳动者提供更好的工作条件和技能升级的激励措施。

二是无论围绕分类问题的法律争议如何（Adams et al.，2018），可能存在更多创新且友好的方式来提高平台员工的工作质量，而不是简单地将所有员工归为"员工"。灵活的工作安排（如提高工作时间的灵活性）可以为平台企业和平台劳动者都带来收益，但是，这种灵活性所带来的收益需要公平地分享。零工经济平台开发的许多工具实际上可以促进这种公平分享，例如，激增定价（surge pricing）允许平台收取更高的价格并为原本无法提供服务的客户提供服务，扩大了客户的范围。在实践中，这种从灵活性中获得的收益分享需要平台之间展开激烈竞争，防止出现劳动力市场的垄断，但是，也需要适应现行的劳动力市场法规以及集体谈判的法律和制度安排。

三是可以修改防止平台劳动者的议价地位受到侵蚀的劳动力市场法规，包括终止合同、降低工人流动性和最低工资等规则，可能需要设置最低平台撤离标准，以避免平台对劳动者施加虐待性的合同条款。一般而言，可能需要建立针对滥用合同条款的明确规则，包括通过防止劳动者在多个平台工作来减少工人流动性的条款。针对平台劳动者最低工资的设计规则很复杂，因为平台劳动者是按提供的服务（输出）而不是按每小时工作时间（输入）获得工资的。备选方案之一是基于计件工资来定义最低工资（OECD，2018），但是这种做法涉及大量的管理成本，因为需要评估不同类型的平台劳动者的每小时产出，然后设置每个工人的最低工资，使低生产率工人可以获得类似最低工资的收入。

四是确保平台劳动者可以通过集体谈判争取更好的工作条件。在许多经合组织国家，由于反托拉斯规则，自雇工人无法进行集体谈判，因为自雇工人协会被视为一个卡特尔。由于平台劳动者与雇员有许多不同的特征，包括在薪酬设定方面的自主权有限，因此可能需要特别审查相关规则。实际上，新技术允许工人协作和共享信息来促进基于平台的创新集体行动。例如，Dynamo 是 Amazon Mechanical Turk 上的一个工人论坛，旨在促进协作，包括发起活动和制定规则。

五是除了通过审查劳动力市场法规和集体谈判规则来改善平台劳动者的工作条件外，还需要确保其能够获得基本的社会保障，包括与工作有关的事故、育儿福利、健康和养老金。虽然平台工作人员在工作地点和时间上有很大的自主权，但是，这也意味着失业保险的覆盖范围会引发重大的道德风险问题。虽然在大多数经合组织国家，自营职业者可以从法定医疗和养老保险中受益，但是，与工作有关的事故的承保范围仍然存在很大差距和问题。此外，由于收入、工时等与传统就业的差异性，平台劳动者可能不符合资格要求。例如，欧盟各成员国平均约40%的自雇工人无法获得疾病津贴（Matsaganis et al.，2016）。鉴于此，政策制定者可能需要审查自雇工人使用这些计划的法定准入条件，并考虑进行参数更改，以提高有效覆盖率。

六是为了抵消高工作灵活性和多平台归属对培训激励措施的不利影响，需要让平台劳动者能够使用现有的培训计划。平台劳动者作为自雇承包商的身份可能阻止他们使用现有的培训计划，因此，需要采取措施使培训计划不受个体就业状况的影响。例如，鉴于平台劳动者的数字技能要比一般人群的数字技能好，因此，利用数字技术进行网络培训也许是一种特别经济有效的方式。例如，可以通过大规模在线课程（MOOC）为平台劳动者提供便捷的培训。

第 15 章

零工经济的政策框架

不可否认的是，在带来机遇的同时，零工经济也带来了很多问题和挑战：基础设施不完善、价格大战、资源浪费、隐私侵犯、劳动者权益保障缺失、工作缺乏连续性、教育培训不满足需求等。我们认为，产生这些问题的根源主要来自以下三方面：

第一，从企业角度出发，这是一个市场探索的过程，一个未知的现象只能通过试错的办法进行探索，在试错过程中必然会带来包括资源浪费、隐私侵犯在内的一系列问题。以"滴滴和快滴之争"为例，平台企业在前期的市场竞争中，只有通过大量的资本投入才能占领市场先机，也才能有获胜的可能（毕竟在这之前没有成熟的、可借鉴的模式）。在我国，国有企业也在无序扩张中出现了产能过剩问题，所以在 20 世纪 90 年代中期工人大规模下岗，现在还要"去产能"。这些都是企业在试错过程中进行探索、实现目标的代价，每个行业、每个时代都存在这样的问题，并非只出现在数字经济时代。值得庆幸的是，数字经济时代的这种探索和试错都在数字技术和数字平台的掌控下，起码能保证错误的可控性，比起之前这应该算是一件好事。

第二，服务提供者受到利益驱动，丧失了职业道德。比如，网约车司机载客后要挟加价、车内卫生条件差、危险驾驶或疲劳驾驶、绕行等现象频繁发生，大多有这方面的原因。

第三，政府对新事物的反应速度不够快，治理程序和机制还不完善。零工经济是一个新的范式，新现象的出现往往导致政府来不及迅速做出反应——制定相关的管理规范，并依照规范进行管理。

然而，面对种种新问题，我们不能回避，更不能因噎废食而停止前进的脚步。美国第七巡回法庭法官波斯纳在审判 Uber 和汽车运输协议案件的法律文书中曾表述，"事实上，新技术或新商业模式的诞生，通常的结局是旧的技术或旧有商业模式退居二线甚至消亡。如果认为旧事物的权利人拥有排除新生事物进入既有市场之宪法性权利，那么经济发展的进程就会逐渐停顿下来。我们可能仍然停留在依靠马匹和马车出行的年代，而不会有出租车；可能仍然停留在依赖计算尺（slide rules）测度的年代，而不会有计算机。过气之物会主张被平等对待的权利"。

但是，美国的判例和中国一样，一案一判，有判 Uber 赢的，也有判 Uber 输的，说明对于新问题的处理方式还处于一个摇摆不定的状态。在这种情况下，零工终究是弱势群体，他们的权利要不要保护、应该如何保护成为我们需要考虑的问题。

多元化的人力资本可能使特殊群体面临更大的困难，如果没有基本的劳动技能，将意味着更少的工作机会、更糟的工作条件和更低的工资收入，从而形成高技能和低技能的新二元社会。

基于雇佣关系的经济模式是在信息不对称和工作现场交付基础上的工业经济时代的最主要特征，这种模式并没有太长的历史。在零工经济中，个人权益诉求有机会平等性、工作安全性、收入持续性、生活保障性、职业发展性、发声可行性。在数字经济的工作市场中，我们认为，劳动者权益并没有消失，只是劳动者权益实现的路径和方式发生了变化。我们习惯于劳动关系（雇佣关系）下的权益保障，但是，在新的工作范式下，应该有新的权益保障方式。

2020 年年初，新冠疫情为新型工作范式提供了一个展示力量的舞台。在这个舞台上，劳动者、企业和政府都很好地扮演了自己作为推动者的角色。特别是各级政府部门表现出来的勇气和智慧，成功地加速推动了工作范式的转换。当然，这是短期应急管理采取的行动。从长远来看，为支持具有"创造性破坏"特征的新型工作范式的顺利转换，支持企业开启"数字化"的新经营范式，更好地保护劳动者在新工作范式下的权益，政府规制也同样需要进行与新工作范式相适应的、积极的重大变革，构建新工作政策框架。

在探讨如何构建新的工作框架之前，我们需要明确的是：什么是劳动者的工作权利？劳动力个体的工作权利保护方式在新时期发生了怎样的变化？

1948年，联合国通过了《世界人权宣言》（*Universal Declaration of Human Rights*）。在此之前，国际劳工组织专门用了一段时间来制定相关的人权标准，首先是在《世界人权宣言》通过之前的几个月通过了《结社自由和保护组织权公约》（*Freedom of Association and Protection of the Right to Organize Convention*），即第87号公约；1949年，又通过了《保护组织权利和集体谈判权利公约》（*Protection of the Right to Organize and Collective Bargaining Convention*），即第98号公约（Tapiola and Swepston，2010）。此后，一直到1958年，国际劳工组织先后通过了《男女同工同酬公约》（*Seminal Instruments on Equal Remuneration for Men and Women for Work of Equal Value*），即第100号公约；《强迫劳动公约》（*Forced Labor*），即第105号公约，是对1930年第29号公约的补充；《就业和职业方面的歧视公约》（*Discrimination in Employment and Occupation*），即第111号公约；《土著和部落居民公约》（*Indigenous and Tribal Populations*），即第107号公约。关于童工，国际劳工组织于1973年通过了《最低年龄公约》（*The Minimum Age Convention*），即第138号公约；1999年，又通过了《最恶劣形式的童工形式公约》（*The Worst Forms of Child Labor Convention*），即第182号公约，对138号公约进行了补充（Tapiola and Swepston，2010）。作为普遍人权的重要组成部分，《世界人权宣言》提出了几项关于核心劳工标准的规定，特别是第23条的规定与美国通过贸易措施促进劳工权利的立法中所包含的条件在某种程度上相似，主要包括（Tapiola and Swepston，2010）：人人享有工作、自由选择工作、享有公正和有利的工作条件并享有防止失业的权利；人人都有不受任何歧视地享有同工同酬的权利；人人都有权获得合理的报酬，以确保自己和家人享有应有的人格尊严，并在必要时可以使用其他社会保护手段以支持自己获得该项权利；人人享有组建和参加工会以保护自己利益的权利。

总的来说，国际劳工组织规定的核心劳工标准主要包括自由工作、结社与集体谈判权、禁止被强迫劳动、同工同酬、废除童工、禁止就业歧视等。当然，国际劳工组织并没有停留在规则的制定上，除了制定以上标准外，它也对这些标准的实施进行了有效的监督。然而，以上这些都是基于国际劳工组织的章程而进行的，而不仅是依靠政府单方面做出的决定；另外，国际劳工组织仅是第三方组织，并没有具体的执行权（各个国家通常不会将这种权力授予国际组织）。需要承认的是，国际劳工组织的监督取得了显著的成果。

上述劳工权利是在特定的工业经济背景下对传统劳动关系中劳动者的保障。工业经济范式下的劳动者被视为一种生产要素而参与规模化生产，这个时期的劳动力是指同质的、没有受过较高层次教育、没有情感和心理需求的个体，就是用于生产的"活机器"。随着数字技术的发展，包括零工经济在内的数字经济范式出现了。在数字技术的推动下，产品模式、生产模式、消费模式发生了翻天覆地的变化（阿里研究院，2017）。这一时期的劳动者成为有心理需求、社会需求、民主需求的异质性个体。

在工业经济中，传统劳动关系和雇佣关系实质上是个体工作权利（劳动权利）的表现形式和载体，而不是权益本身。劳方和资方各自基于公平分配的经济目的，依法组织起来成为集体当事人，公平、诚信地进行集体谈判，雇主代表、雇员代表和工会在法律框架内理性地行使各自的权利、履行各自的义务，最终实现解决争议的目的。从经济功能视角出发，劳动权利是劳动关系中必不可少的基本要素，通过当事人对权利的行使，形成劳方和资方博弈合作、劳资要素配置、劳动力定价的市场机制，从而保证各方的经济自由和权利。因此，劳动权利与劳动力市场价格机制、劳资分配与劳资合作机制是一体两面的关系，都不可或缺（陈步雷，2015）。

随着数字技术的发展，经济范式发生了变化，加之基于数字平台新业态的产生和普及，劳动关系也发生了变化，这种调整和变化涉及分配公平、社会公正和经济发展模式等重大问题，如果依旧按照传统的国际劳工组织的界定，势必会导致我们对劳动者权利的理解产生偏差。为了避免理解上的偏差，我们需要了解劳动者权利的本质是什么，需要对传统劳工权利的理解有实质性突破（陈步雷，2013；2005）。"自由工作、结社与集体谈判权、禁止被强迫劳动、同工同酬、废除童工、禁止就业歧视等"实际上强调了劳工具有生存首要性、自主选择性、机会平等性、工作安全性、收入持续性、生活保障性、职业发展性、发声有效性。我们要关注的并不是实现目的的方式，而是如何实现目的。

我国现行劳动法颁布于 1994 年，到现在为止都没有较大改动（陈步雷，2015）。虽然后来也进行了一些相应的补充，并制定了配套法律，但是，它已经完全不能适应今天劳动关系的复杂性，也不能满足时代发展的需要。所以，完善劳动法治、建立健全的劳动基本权利体系迫在眉睫。我国现阶段做出了很多努力，也取得了一些成果。我国通过劳动法、工会法、劳动合同法规定了集体协商、集体合同制度等。然而，在数字经济背景下，我国劳动关系相关的主体及其权利体系、利益表达机制等依旧离健全还比较远。我们应该加快速度建立健全的且符合数字经济规律的、法治化的劳动关系调整模式。在国家政策与立法层面，应全面确认劳动者获得应得权益等实体性、目的性权利（陈步雷，2015）。

在传统的工业经济中，劳动者工作权利保护的载体是传统的工会、雇主、劳动者个体。然而，在数字经济中，个体工作权利的保护方式是多元化的，权利保护的载体也是多样化的，除了劳动者个人、传统的工会和其他劳动者团体、雇主及雇主组织外，还包括各级政府、国际劳工组织、国家间协议、劳工非政府组织、媒体、学术界、互联网等。

劳动者个人可以通过雇佣合同、调解仲裁诉讼来维护自己的工作权利；雇主和雇主组织应加强自我约束，完善与劳动权利保护相关的管理制度和政策，努力探寻新时期管理雇员的最佳实践；工会及其他劳动者集体可以通过集体劳动合同、集体谈判（协商）、罢工等形式，代表劳动者保护其权利；国际劳工组织应制定符合新时代要求的、新经济下的劳工标准；各国政府也应与时俱进，制定和修改相应的法律、政策条款；各个国家之间应该加强合作，建立劳动力互通、贸易互通、投资互通的良性循环；劳工非政府组织应该在维护劳动者权利和加强劳动者教育方面发挥积极的作用；媒体应该从舆论的角度，帮助劳动者维护其权利，监督企业的行为；学术界要为保障劳动者权利提供学理支持，支持劳工教育；作为数字经济中最具代表性的权利维护载体之一，互联网的作用更是不可取代的，它不受时间、地点、范围、人群、国界的限制，借助互联网社群，个体可以便利地借助大众的力量发声，维护其权利。

基于传统雇佣关系的工作权利保护模式并没有太长的历史，这种模式是基于信息不对称和工作现场交付的工业经济时代的最主要的特征。然而，不能简单地把劳动/雇佣关系同工作权利保护画等号，劳动/雇佣关系只是权利保护的载体。在数字经济时代，需要寻找更多的权利保护载体，从而实现比工业经济范式下更好的权利保护模式——从一个保护载体到一个保护网络，这是当前政府和国际组织最重要的任务。

把握大方向、扮演掌舵者角色的政府和国际组织，要进行宏观政策转型，即从传统的雇佣（就业）政策转向社会政策框架。具体来说，需要做到以下几点：第一，创造更加稠密的工作市场，促进更加便利的工作匹配；第二，包容更加多元化的人力资本关系，提升更加专业化的工作技能；第三，提供更加普遍的社会保障，保护更加全面的工作权利。

15.1　工作市场与工作匹配

据统计，十年前，在整个世界范围内，只有不到15%的人使用互联网；今天，世界上已经有超过 40% 的人为互联网使用者，即超过 30 亿人是世界互联人口。此外，十年前，低收入国家中只有不到 8% 的人使用互联网；2022 年，中低收入国家的互联网使用率已高达 41.3%（ITU，2022）。越来越多的人投入数字工作市场中，然而，是否有足够的工作提供给他们成为一个大问题（Graham et al.，2017）。工作市场缺乏稠密度，使得数字劳工面临工作不连续、不稳定的风险（Kalleberg，2009；Neff，2012）。

在现阶段，对市场稠密度的相关研究和政府政策比较鲜见，无论是学界还是政策制定方，主要的关注点还停留在对数字劳工的分类和相关劳动关系的界定层面，学界的研究重点还是放在相关保障缺失带来的负面影响上，包括劳动者的安全、培训、个人保护机制、福利、津贴、健康保险和离职薪水等方面得不到法律保护，由于缺乏保障而引起员工身体和心理伤害方面的问题（Fox et al.，2018；Frey and Stutzer，2002；Lucas，2017；Booth et al.，2002；Lobel，2017）。我国部分学者也认为，数字经济带来的大部分挑战的根源来自我国劳动法对劳动关系的认定不明确，因为我国现行劳动法使用全有或者全无的框架认定劳动关系，并据此确定劳动关系中的权利和责任，所以，它不足以回应当今零工经济中情况复杂的用工方和劳动者之间的相互关系（丁晓东，2018）。

在工业经济中，劳动关系是劳工权利得到保障的基础，没有劳动关系则意味着劳动者的工作和生活得不到应有的保障。在工业经济中，没有数字技术，信息流通不畅，不存在岗位的分解，劳动者搜寻工作需要花很长时间，而较长的工作搜寻时间对劳动者来说意味着风险；对于企业而言也是一样，如果在较短的时间内找不到适合的劳动者，企业的整个生产过程就会停止，从而造成巨大的损失。因此，从这个角度来看，建立劳动关系在工业经济条件下对劳资双方都是最优的模式。然而，若我们做一个大胆的假设，如果劳动者在任何想工作的时候都能轻易获得工作机会，那么他们是否还愿意固定在一个企业工作？

数字技术的发展为劳动者提供了搜寻便利，个体可以通过互联网、手机客户端等数字工具、设备，随时随地寻找甚至挑选适合自己的工作，如领英（LinkeIn）和智联招聘等。我们也想强调，我们的目标是求"质"，但是若没有足够的"量"的累积，也就无法产生"质"的变化。工作市场如果不能保证足够的稠密度，即没有足够的求职者和人才需求方，便无法高效地实现精准匹配。所以，需要解决的首要问题就是提高劳动力市场的稠密度，在此基础上，才能去谈如何实现最佳匹配的问题。

足够"厚"（thicker）的劳动力市场（也就是较为稠密），能够提高搜寻和匹配效率，从而增加收益。Diamond 提出了开创性的"椰子"模型（Diamond，1982），确认了劳动力市场的匹配会带来收益增加。该模型认为，在劳动力市场上，从工人的角度看，在较厚（稠密）的市场中寻找工作，搜寻成本能够大大降低。换句话说，在人口稠密地区的工人能够以相同的搜索成本找到更好或者更适合自己的工作。如果劳动力市场上没有足够数量的供给者和需求者，市场稠密度就无法保证，资源的优化配置也就无法实现，劳动者工作的连贯性就会失去（罗斯，2015；Zheng et al.，2022；郑祁等，2022）。

市场稠密度对专门的（specialized）、需要特殊技能的劳动力市场来说尤为重要（匹配市场）。一个在较稀薄（稀疏）的劳动力市场上的失业工人，可能需要等待相当长的时间才能找到可以利用他的技能的工作。对个人来说，搜索和等待工作的成本太高，接受一份不适合他的工作对他来说在短时间内更有意义，但是不可避免地会造成人力资本损失。除此之外，由于劳动者所拥有的某些技能是有寿命的，长时间的等待也会造成无形的损失。在等待过程中，劳动者提升自身特定技能的动力会随着时间的延长而有所减弱，结果就是减少了特定投资，增强了市场稀疏性的原始效果（Bleakley and Lin，2012）。因此，增加劳动力市场的稠密度是保证劳动力供需双方实现匹配、充分利用人力资本的先决条件。

政府应支持微观组织的岗位职责解构与工作任务重构，从而创造更大、更稠密的工作市场，加快构建高速、移动、安全的新一代工作市场信息网络，以及使工作任务与人力资本相匹配的基础设施，确保企业可以随时基于数字平台发布准确、真实、对称的工作机会信息，确保劳动者能够及时、全面地通过一个或多个数字平台获得工作机会信息，提供实时、精准、主动的工作任务与人力资本匹配服务，从而提升人力资本的配置效率。

我国正在大力推进工作任务与人力资本匹配政策框架从理论走向实践，国家发展改革委的文件（2020）指出，要大力发展众包、云外包、平台分包等新模式；鼓励发展新个体经济，支持微商电商、网络直播等多样化的自主就业、分时就业；鼓励发展基于知识传播、经验分享的创新平台；通过网络平台开展经营活动的经营者，可以使用网络经营场所登记个体工商户；探索完善与个人职业发展相适应的医疗、教育等行业多点执业新模式。

15.2　人力资本关系与工作技能

当前，我们需要推动单一刚性的劳动雇佣关系转向涵括劳动雇佣关系在内的、更加包容的多元化人力资本关系，从工作关系、合作关系到合伙关系、社群关系等，强化基于数字技术赋能的多元化人力资本关系，助力劳动者和企业自由地进行选择，塑造劳动者的自我负责精神和职业精神，不断优化企业与劳动者个人的人力资本配置。实施高质量教育战略，鼓励并认可各类教育创新，有序贯通学校教育与家庭教育、国民教育与社会教育、普通教育与职业教育、校园教育与终身教育、线下教育与在线教育，动态保障劳动者就业能力适应社会经济和工作市场发展的要求。实施国家终身学习战略，建立人力资本投资基础设施，加强包括丰富且便利的学习设施、学分银行、职业资格认定、奖学金在内的终身学习激励，推动基于人力资本生命周期的终身学习，帮助个人持续地提升技能。推动教育与学习标准制定、教学组织（能力训练）、考试执行、评价认证相分离的高质量教育模式。

加快劳动者数字技能提升速度，提升劳动者的专业工作技能，这是数字经济发展的内在要求，也是我国高质量发展的要求。

在工业经济时代，机械化大生产是主流，为了提高生产效率，社会分工不断细化。劳动者普遍只掌握单一技能，每天重复工作，仅被视为一种生产要素。而在数字经济中，人们的消费需求越来越复杂，数字技术越来越先进，对劳动者（零工）"技能化"的需求也越来越高。

数字工作市场最显著的特征就是劳动者的"技能化"，劳动者要有特定的"技能"，以区别于工业化生产过程中智力和体力的分离（马克思，2014）。在数字经济中，平台和组织选拔人才以技能为准绳（杨伟国等，2018）。此外，党的十九大报告明确指出，要"贯彻新发展理念，建设现代化经济体系"。我国目前正处于"转变发展方式、优化经济结构、转换增长动力的攻关期"，既在产业体系发展、经济体制建设方面存在特殊性，又与之前的经济发展阶段一脉相承。前者表现为"质量追赶""结构升级"和"创新驱动"三个方面的转型目标（王一鸣，2018）；后者体现在由"数量第一"到"数量大国"，再到"先量后质"的经济发展历程中（胡鞍钢等，2019）。

中国向高质量发展模式的转变吸收了国际经验，主要包括：联合国人类发展指数（Human Development Index，HDI）所代表的以人为本、全面评价人类社会发展的理念，欧盟和OECD所倡导的绿色、可持续发展理念，还有部分欧盟国家在促进本国经济全面发展中的措施（如波兰由政府主导的促进不同地区均衡发展的负责任发展战略、比利时在其经济展望中对劳动力市场等具体影响经济发展的因素的重视与利用等）（杨伟国等，2019）。新时代的高质量发展本质上是遵循新理念的发展，有着与新发展理念一致的丰富内涵：第一，用创新引领发展；第二，用协调推动发展；

第三，用绿色转变发展；第四，用开放巩固发展；第五，用共享诠释发展。其中，"创新是引领发展的第一动力"，也是建设现代化经济体系的支柱。通过创新体系建设支撑现代化经济体系发展，要充分发挥市场的导向作用、企业的主体作用，推动产学研融合，促进科研成果转化。同时，要积极倡导创新文化，注重劳动者技能、知识、管理能力等的培养，强化知识产权的创造、保护与利用（杨伟国等，2019）。

无论是数字经济的发展，还是新时期我国的高质量发展战略，都提出了提高劳动者技能的要求。然而，在政策实践中，构建人力资本关系与工作技能新政策框架的最大障碍在于固化观念与惯性思维以及问责风险与专业能力。

15.3 社会保障与工作权利

新工作范式必然要求基于工业经济范式的、以劳动合同为前提的社会保障制度变革，要求基于数字技术的平台准确采集劳动者的工作任务、工作时间、工作地点、工作报酬等信息，实时掌握工作任务交易情况，加快建立基于工作任务交易的新社会保障体系，从而确保每一个劳动者、每一次工作交付都能纳入国家社会保障体系之中，真正做到既覆盖全体国民，也覆盖"全部工作"。伴随着人工智能、工业互联网等智能化、自动化生产制造与经营管理技术在社会经济体系中部署，我们还需要加快研究从基本收入计划（universal basic income，UBI）转变到基于工作的基本收入计划（universal work basic income，UWBI）的可行性，以保障可能的"无人工作"经济范式下工作任务的重组与创造，特别是要提供普遍的基本生活保障。

基本收入计划是政府（或公共领域的另一机构）向每位公民或居民提供的定期固定现金转移支付，无论是男性还是女性，也无论是富人还是穷人，更不论是不是希望有偿就业（Raventós，2007）。"基本收入"概念有以下三个特征（De Wispelaere and Stirton，2004；Van Parijs，2004）：第一，普遍性（universality），基本收入应向所有人开放（但是，一些基本收入拥护者建议从特定领域开始，随着时间的推移逐步"普及"）；第二，个体的（individuality），基本收入旨在满足个人而非家庭的需要，因为它被当作一项真正的个人权利；第三，无条件的（un-conditionality），基本收入应是无条件的，或应采用不违反包容性（inclusiveness）的条件。基本收入计划的优点包括自由和公正、降低普遍的贫困等，但它也存在经济压力、管理困难、降低工作积极性等问题（UNDP China Office，2017）。部分寻求适合数字经济的社会保障政策的人提出了普遍和无条件最低收入解决方案（a universal and unconditional minimum income），这是一种极简解决方案。如今，数字经济的主要参与者，如马克·扎克伯格或比尔·盖茨，也支持这一建议。基本收入是解决数字经济时代职业模式变化（增加的不安全感、更频繁的工作不连续等）的一种方法。许多人认为，普遍基本收入有可能解决与工作转变相关的困难，即有偿活动常常不能确保收入连续性或适当的社会保护（特别是在社会权利与雇员地位密切相关的国家）（Mckinnon，2019）。无条件基本收入的想法并不新鲜，可以追溯到20世纪60年代。基本收入一直是两个截然不同的理论发展的主题。其中，自由主义者左派的观点是 Philip Van Parijs（BIEN 网络的创始人之一）于20世纪80年代正式提出的，他引入了较高水平的普遍基本收入，足以使受助者过上体面的生活。如果每个人都能过上体面的生活，则没有人会为了生活而工作，也不必接受不良工作（指低薪、乏味、危害身心健康的工作），并且可以自由选择是否工作。这将保证工作的质量和解放性。Milton Friedman 在 1962 年提出了关于普遍最低收入的另一种观点（Mckinnon，2019）：保证所有人的最低收入，而工作收入低于此水平的任何人，都将被视为拥有获取收入差额的权利，且没有任何附加条件。在这种情况下，新古典主义或新自由主义思想基础是非常不同的，其主要目的是降低福利国家的官僚复杂性和相关支出，以简化整个体系，并将公众干预集中在最低水平上，缓解贫困。个人社会保障的所有其他方面都将落在劳动者自己身上（储蓄）、公民社会和市场上（保险和养老基金）。根据这种观点，基本收入必须控制在较低水平，以免对工作产生相反的抑制作用；否则，人们可能不愿意工作，而仅以基本收入为生，这与自由主义思想的目标是背道而驰的。

然而，引入无条件最低收入将带来很高的保留工资，因此，只有那种高质量、高性能的工作才能被接受并提供给劳动力市场（Van Parjis，1995）。但是，如果向每个人都支付一个最低金额，企业支付的工资是否不太可能经过调整？基本收入将逐渐被视为基本社会化工资，只能由企业来承担。在劳动力市场不利于雇员的情况下，雇主可能会认为，由于国家已经支付了最低限度的保障费用，因此这部分应当从净工资中扣除。然后，就会出现一种自相矛盾的情况，大多数人（尤其是低技能的人）将无法获得更多的收入，而工资则将更加社会化。

此外，张五常（2019）从自由签订合约的角度出发，认为无条件的、过度的福利政策通常会损害产业竞争力，扭曲劳动力市场，阻碍企业的发展，最终也达不到保护劳动者的目的。例如，美国汽车行业之所以会衰退，很大一部分原因就在于行业工会不停地为工人争取最低工资、限制劳动时间、不允许资方解雇员工等福利条件，很多需求超出了市场规律正常运行的承载范围，最终导致了汽车行业衰退、企业倒闭和工人失业。再高明的政治学家、经济学家，也很难计算出一个经济体的最低工资标准，工商业的最低工资其实是由农业部门的收入水平决定的。因此，薪酬的提高并非以个人意志为转移，而是一个客观的动态过程。当城乡收入达到均衡时，劳动力从农业向工商业转移的过程将要结束，在这个节点上，工商业的最低工资才会出现。而在这之前，农村人口过剩，就业不充分，企业总能用很低的工资雇人干活。若在这个时候强制规定最低工资，其实无法真正保护劳动者，因为雇主可能通过提高自动化水平来减少工人的使用，或者直接使企业倒闭，所以不良后果还是由劳动者承担。

因此，与其设法保证所有人都获得最低收入，不如确保任何有需要的人以及应得的人都能获得有保证的最低收入，这对于应对劳动力市场变化所产生的新的社会风险是十分必要的。在数字经济时代，应强调"权责对等"，强调有劳动能力的人必须承担相应的工作义务，然后才有获得最低救助的权利和资格。我们需要从普遍的基本收入福利向"工作福利"转变，这就是基于工作的基本收入计划。区别于无条件的基本收入计划，基于工作的基本收入计划认为，工作是领取福利的先决条件，"不工作者不得食"，除了残疾人、教育工作者、培训工作者、研究学者（disability，education，training，search，DETS）之外，任何人都必须参加工作，然后才能获得报酬（含实物报酬）。国家通过提供社会工作机会来为暂时无工作的公民提供报酬，不再直接提供失业保险或社会救济。

数字经济可以创造新形式的就业，也可能造成社会不稳定状态，还可以支持新形式社会保障。数字技术的使用使社保筹资和支付程序更加灵活和开放，平台工作者可以获得更好的保障服务，实现更大规模的互联互通、更广泛的共同利益统一以及更充分的资源共享。这就要加强企业之间、行业之间、地区之间甚至国家之间的合作，保证基于工作的基本收入计划有效落实。随着数字经济的发展，企业家精神越来越受到人们的重视，不仅要在企业或行业层面，还要在更大的范围内解决风险和收益问题。因此，要建立新的风险分担方式，超越个人职业、部门、企业的界限，使人们能够在数字工作市场中安全地、有保障地从一种工作过渡到另一种工作。

关于风险的分担，显然，国家是一种可能，但是，在数字经济中，数字工作者可能以新的方式来分担风险，例如，通过美国的集体诉讼、德国的法庭诉讼或北欧国家的社会动员来寻求多样化的分担主体。

工作权利保护会更加聚焦于工作权利本身以及基于多载体的工作权利实现形式（而不是局限于单一的劳动（雇佣）关系），保障劳动者和企业的自由选择权利,既关注将工作权利作为基本人权,也强调劳动者将工作视为公民的基本义务与责任。国家强调探索适应跨平台、多雇主间灵活就业的权益保障、社会保障等政策;完善灵活就业人员劳动权益保护、保费缴纳、薪酬等政策制度,明确平台企业在劳动者权益保障方面的相应责任,保障劳动者的基本报酬权、休息权和职业安全,明确参与各方的权利义务关系。这在社会保障与工作权利新政策框架上已经迈出了最为重要的一步,下一步就是政策细化、方案设计、试点求证与推广普及。

综上所述,"工业化"就业模式因为难以有效回应人民日益增长的美好生活需要和不平衡不充分的发展之间的矛盾而向新型的"数字化"工作范式转变。技术创新从人类社会发轫之初,从总体和长期来看,都是"就业友好型"的,有助于创造更多、更好的工作机会,尽管这个过程总是伴随着劳动者群体的结构性调整。我国数字经济的发展已经显示出新工作范式所具有的工作机会创造能力和工作意义重建能力,并且能够有效抵御突发公共卫生事件的冲击,平缓工作市场的剧烈波动。伴随着社会经济发展水平日益提高和先进科学技术持续创新,既有的就业模式也将继续在各种不同力量的交互作用下,不断演进并最终迈向自由工作新范式。与之相适应,新工作政策框架也将随之而来并且不断优化、完善,切实有效地帮助劳动者进行自主选择、能力发展和权益保障,从而真正满足人民日益美好的生活需求,真正实现马克思所设想的"人的全面发展"。

人类历史上先后出现过以采摘为主的原始经济,利用农业生产技术和自然资源进行生产的农业经济,以包括科技研发模式、标准化的流水线、批零体系和物质资源消耗等在内的工业生产为主的工业经济,今天我们进入了以数字技术为基础、以消费需求为核心驱动力的数字经济时代(阿里研究院,2017)。

在"资源稀缺性与理性行为假设""生存权利假设""技术和经济条件可行性假设""政府治理不确定性假设""企业管理方式从技术到人性机制转变假设"五个假设条件下,数字经济出现了。数字经济是产生于20世纪初平台化的基于数字技术的经济范式，其本质和核心是利用数字技术实现资源的优化配置和高效利用。在数字经济中，一系列基于数字技术的点对点经济活动大大降低了运营成本、物质资源消耗，同时，也提高了资源利用效率，改变了人们的生产、生活、消费习惯，鼓励和推动了创新，带来了更多的就业、发展机会。但是，数字经济也存在监管效率不高、税务、立法、隐私侵犯等新问题。

"未来已经发生，只是尚未流行。"在这个数字技术不断更迭和渗透的时代，工作世界处于剧烈的结构转型之中，发生了五大"工作市场革命"（work market revolution）：第一，从集中工作到分布式工作的工作形式革命；第二，从劳动关系到工作关系的工作契约革命；第三，从组织关系到合作关系的工作模式革命；第四，从有酬工作到意义劳动的工作性质革命；第五，从人类智能（HI）到人工智能（AI）的工作主体革命。在这个过程中，数字经济表现形态之一的零工经济应运而生。

零工经济有广义和狭义之分。狭义的零工经济是一种中间状态，介于传统企业和自由市场中的价格机制之间，是一种资源配置机制；是指劳动需求方通过网络平台等数字技术将碎片化的工作、服务需求传播出去，供给方根据其对人力资本关系固定性的差异化需求来对各自的职业进行规划并选择工作的经济模式。广义的零工经济还包括共享个人资产在平台获取收入的经济模式，大多数采用线上线下相结合的形式，具有岗位解构化、劳动者资本化、人力资本内外整合化、企业管理去中心化等特征。

依据技能的技术含量水平和专业化程度由低到高，零工平台有基础技能、通用技能、专业技能的划分。一般而言，身体和年龄条件符合的普通人都可以参与并胜任基础技能平台的工作，美团、饿了么、Deliveroo、Just Eats、TaskRabbit等网约配送、跑腿服务平台都属此类。通用技能涵盖了联合国教科文组织所提到的通用技能，网约车司机所需要的驾驶技能就属于通用技能，网约车平台（Uber、滴滴、Blablacar）就属于通用技能平台。相较于基础技能、通用技能，专业技能在技术含量和专业化程度上都要高出很多，本书中列举的在线医疗平台（Doctor On Demand、ZocDoc、春雨医生、好大夫在线）就属于专业技能平台。

零工经济的快速发展引起了学界的关注，对相关问题的探讨此起彼伏。在现阶段，关于零工就业的已有研究主要关注优势、劣势分析，宏观和微观的劳动力供给，平台（劳动）控制，工作质量，内部隔离，零工身份认定，劳动保障，以零工为基础的企业价值的产生和分配，进行计件工作的可取性和公平性，工作或任务的分类方式等问题。

安德森（2006）认为，只要产品、服务的存量和流通渠道足够多，即使需求不大，其所占据的市场份额之和也能和少数需求量大的热销品所占据的市场份额相匹敌，即众多微小市场的聚集能产生和主流相匹敌的市场能量，这就是著名的"长尾理论"。因此，一个新经济范式的产生并不意味着旧有经济范式的结束，它们将在很长一段时间内共存。越高级的经济范式包容性越强，"即使在经济发达的美国，也不代表没有原始农业，且这种原始农业并不是由技术瓶颈导致的"。所以，包括零工经济在内的数字经济范式的产生并不意味着工农业经济范式的消失，有所改变的是：得益于数字技术的发展，大大降低了工作搜寻成本，人们不需要过多消耗就能借助数字技术发现过去很难发现的"尾部"事物。

作为数字时代一种新兴的资源配置手段，零工经济迅速崛起，给劳动者和企业带来了传统正规就业所没有的机遇和优势。劳动者拥有了对工作的自主权、自由度和工作满意度，其技能得到锻炼和提升；企业节约了大量运营、管理成本，分散了经营风险，获得了更好的效益。但是，零工经济内部市场稠密度不足、就业不平衡和不充分、不同工作群体的收入差异较大、职业化与灵活性之间存在矛盾、职业技能培训缺乏、平台管理机制不健全、政府相关政策和法规有待完善等问题仍有待解决。

不可否认的是，零工经济将在很长一段时间内存在，并成为就业形态的一大趋势，越来越多的人将参与其中。我们要认识到，新事物的产生必然伴随着利弊共存，不能因噎废食，而要采取积极的态度，正确面对存在的问题，针对问题提出解决方案并贯彻落实，从而实现良性循环，促进新事物乃至整个社会的发展。

目前，在平台劳动规制实践上，国家层面始终没有形成统一的法律或规制框架。无论是英美法系国家还是大陆法系国家，法院或仲裁机构在进行裁决时，通常会以特定原则为指引，基于这些原则下的衡量指标，以劳动者实际的工作条件和相关事实为依据进行具体裁决。国与国之间、国家内部不同机构之间的裁决也有差异。在国际组织层面，欧盟倾向于将平台劳动者归为自雇者，但是，这并不妨碍欧盟法律将其重新分类为雇员。欧盟认为，平台劳动者的自雇身份并不能反映他们实际的工作条件，可以依据现实工作条件中的多种因素将已归为自雇佣者的劳动者重新归类为雇员。国际劳工组织主张，在"非正规就业"框架下，实现平台劳动者的"体面劳动"。国际货币基金组织并没有过多关注平台劳动关系或平台劳动者的雇员身份认定问题，主要针对平台经济和参与劳动力的增长提出改善建议。OECD并不纠结"劳动关系"的认定，主张采取措施解决平台劳动者的保障、收入、培训、工作权等问题。

我们认为，基于对工作权利认知的转变，政府、企业和劳动者需要合力创造更加稠密的工作市场，促进更加便利的工作匹配；包容更加多元化的人力资本关系，提升更加专业的工作技能；提供更加普遍的社会保障，保障更加全面的工作权利。

参考文献

［1］ G20 官网．二十国集团数字经济发展合作倡议［EB/OL］．（2016-09-20）［2025-03-25］．http：//www.g20chn.org/hywj/dncgwj/201609/t20160920_3474.html.

［2］ 佚名.IDC FutureScape：2024 年中国数据和分析市场十大预测［EB/OL］．（2024-01-23）［2025-04-21］．https：//www.idc.com/getdoc.jsp?containerId=prCHC51814824.

［3］ 佚名.Uber 推出新服务 Uber Health 为患者提供约车服务［EB/OL］．（2018-03-02）［2025-03-25］．https：//tech.sina.com.cn/roll/2018-03-02/doc-ifyrztfz6385008.shtml.

［4］ 佚名.Uber 实时路况功能上线，与滴滴"司乘同显"功能高度相似［EB/OL］．（2018-09-25）［2025-03-25］．http：//www.hxnews.com/news/itkj/kjsm/201809/25/1619309.shtml.

［5］ 佚名.Lime 获得 Uber 领投的 1.7 亿美元融资，并收购共享单车公司 JUMP［EB/OL］．（2020-05-08）［2025-03-25］．https：//36kr.com/p/698568125790592.

［6］ 阿里研究院．数字经济 2.0［R/OL］．（2017-03-15）［2025-03-25］．https：//www.100ec.cn/detail--6388904.html.

［7］ 安永（中国）企业咨询有限公司．中国互联网医疗——曙光初现［EB/OL］．（2021-07-07）［2025-03-25］．https：//www.100ec.cn/Public/Upload/file/20210707/1625626242354163.pdf.

［8］ 安宇宏．平台经济［J］．宏观经济管理，2014（7）：86.

［9］ 班小辉．超越劳动关系：平台经济下集体劳动权的扩张及路径

〔J〕. 法学，2020（8）：160-175.

〔10〕鞭牛士. 阿里、FB、Uber和推特成立Presto基金会〔EB/OL〕.
（2019-09-23）〔2025-03-25〕. http：//finance.sina.com.cn/stock/relnews/us/
2019-09-23/doc-iicezueu 7900135.shtml.

〔11〕博茨曼，罗杰斯. 共享经济时代——互联网思维下的协同消费
商业模式〔M〕. 唐朝文，译. 上海：上海交通大学出版社，2015.

〔12〕蔡斯. 共享经济——重构未来商业新模式〔M〕. 王芮，译. 杭
州：浙江人民出版社，2015.

〔13〕陈步雷. 分配正义、权利保障与社会和谐〔J〕. 中国社会导刊，
2005（21）：15-17.

〔14〕陈步雷. 地方工会应省级直管〔J〕. 当代工人，2013（3）：19.

〔15〕陈步雷. 劳动法治应注重保护劳动基本权利〔N〕. 人民日报，
2015-02-12（7）.

〔16〕陈龙，韩玥. 责任自治与数字泰勒主义：外卖平台资本的双重
管理策略研究〔J〕. 清华社会学评论，2020（2）：63-92.

〔17〕道格林，德格里斯，波谢. 平台经济与劳动立法国际趋势
〔M〕. 涂伟，译. 北京：中国工人出版社，2020.

〔18〕邓龙安，徐玖平. 技术范式竞争下网络型产业集群的生成机理
研究〔J〕. 科学学研究，2009（4）：569-573.

〔19〕滴滴政策研究院. 新经济 新就业——2017年滴滴出行平台就业
研究报告〔R/OL〕.（2017-10-24）〔2025-03-25〕. https：//www.askci.
com/news/chanye/20171024/112121110320.shtml.

〔20〕电子商务司. 电子商务，从成长走向成熟——党的十八大以来电
子商务发展成就综述〔EB/OL〕.（2017-09-30）〔2025-03-25〕. http：//
www.mofcom.gov.cn/article/zt_dlfj19/fbdt/201709/20170902653888.shtml.

〔21〕丁晓东. 平台革命、零工经济与劳动法的新思维〔J〕. 环球法
律评论，2018（4）：87-98.

[22] 董保华. 雇佣、劳动立法的历史考量与现实分析 [J]. 法学, 2016 (5): 13-23.

[23] 敦帅. 新经济与新治理: 分享经济中国之治的知识图谱研究 [J]. 湖南社会科学, 2023 (3): 76-83.

[24] 饿了么蓝骑士. 2023年饿了么骑手权益保障报告 [R/OL]. (2024-04-02) [2025-03-25]. https://mp.weixin.qq.com/s/zHvYOhTa19 ogm3ZO0RGwGA.

[25] 范洁. 新经济发展的"多重效应"与"双重策略"[J]. 技术经济与管理研究, 2017 (5): 70-75.

[26] 凤凰科技. Uber正式接入百度钱包作为首位默认支付方式 [EB/OL]. (2015-04-28) [2025-03-25]. https://tech.ifeng.com/a/20150428/41070379_0.shtml.

[27] 高雪原, 张志朋, 钱智超, 等. 零工工作者工作压力: 形成机理与量表开发 [J]. 南开管理评论, 2023 (3): 244-256.

[28] 佚名. Deliveroo订单减少了, 但客户消费增长了10% [EB/OL]. (2023-08-11). [2025-03-25]. https://www.ibnews.com/cn/2023/08/11/42860.html.

[29] 国家信息中心. 中国共享经济发展报告 (2023) [R/OL]. (2023-02-23) [2025-03-25]. http://www.sic.gov.cn/sic/93/552/557/0223/10741.pdf.

[30] 国务院. 政府工作报告 [R/OL]. (2016-03-17) [2025-03-25]. http://www.gov.cn/premier/2016-03-17/content_5054901.htm.

[31] 国务院. 国务院关于强化实施创新驱动发展战略进一步推进大众创业万众创新深入发展的意见 [EB/OL]. (2017-07-21) [2025-03-25]. http://www.gov.cn/zhengce/content/2017-07/27/content_5213735.htm.

[32] 国务院. 国务院关于印发国家职业教育改革实施方案的通知 [EB/OL]. (2019-01-24) [2025-03-25]. https://www.gov.cn/gongbao/

content/2019/content_5368517.htm.

[33] 国务院办公厅.国务院办公厅关于积极推进供应链创新与应用的指导意见 [EB/OL].（2017-10-13）[2025-03-25].http：//www.gov.cn/zhengce/content/2017-10/13/content_5231524.htm.

[34] 国务院反垄断委员会.国务院反垄断委员会关于平台经济领域的反垄断指南 [EB/OL].（2021-02-07）[2025-03-25].http：//www.gov.cn/xinwen/2021-02/07/content_5585758.htm.

[35] 胡鞍钢，谢宜泽，任皓.高质量发展：历史、逻辑与战略布局 [J].行政管理改革，2019（1）：19-27.

[36] 凯利.新经济 新规则：网络经济的十种策略 [M].刘仲涛，侯煜，康欣叶，译.北京：电子工业出版社，2014.

[37] 柯振兴.美国劳动法 [M].北京：中国政法大学出版社，2014.

[38] 克里斯坦森.长尾理论 [M].乔江涛，译.北京：中信出版社，2006.

[39] 克罗茨纳，普特曼.企业的经济性质 [M].孙经纬，译.上海：格致出版社，上海人民出版社，2015.

[40] 库恩.科学革命的结构 [M].金吾伦，胡新和，译.北京：北京大学出版社，2012.

[41] 赖荣鸿.优步首次进入日本东北市场 青森宫城福岛上线打车服务 [EB/OL].（2018-12-21）[2025-03-25].http：//japan.people.com.cn/n1/2018/1221/c35421-30481201.html.

[42] 李长江.关于数字经济内涵的初步探讨 [J].电子政务，2017（9）：84-92.

[43] 李国光.劳动合同法理解与适用 [M].北京：人民法院出版社，2007.

[44] 李心萍.人民时评：托底民生，多举措并举稳就业 [N].人民

日报，2020-04-10（5）.

[45] 李伊. 滴滴2022年营收1 408亿元 全球年活跃用户5.87亿 [EB/OL].（2023-04-30）[2025-03-25]. https://www.dsb.cn/216260.html.

[46] 联合国. 世界人权宣言 [EB/OL].［2025-04-21］. https://www.ohchr.org/EN/UDHR/Documents/UDHR_Translations/chn.pdf.

[47] 梁娜娜. 平台经济从业人员劳动权益的保障路径 [J]. 中南民族大学学报（人文社会科学版），2021（10）：117.

[48] 林嘉. 新就业形态劳动法律调整探究 [M] //冯喜良. 中国劳动研究：第一辑. 北京：中国工人出版社，2021.

[49] 刘海生. 技术要素参与收益分配的理论与实践 [D]. 上海：复旦大学，2003.

[50] 刘树成，李实. 对美国"新经济"的考察与研究 [J]. 经济研究，2000（8）：3-11.

[51] 刘喜梅. "2023年度好大夫榜"发布 [EB/OL].（2024-01-06）[2025-03-25]. https://www.rmzxb.com.cn/c/2024-01-16/3477192.shtml.

[52] 刘奕，夏杰长. 共享经济理论与政策研究动态 [J]. 理论参考，2016（9）：34-40.

[53] 娄宇. 民法典的选择：劳动合同抑或雇佣合同——《德国民法典》第611a条修订的教义学分析与启示 [J]. 法律科学（西北政法大学学报），2019（5）：141-155.

[54] 罗斯. 共享经济——市场设计及其应用 [M]. 傅帅雄，译. 北京：机械工业出版社，2015.

[55] 罗仲伟. 从组织演变角度看待平台发展 [M] //阿里研究院. 平台经济. 北京：机械工业出版社，2016.

[56] 马克思. 资本论 [M]. 何小禾，译. 重庆：重庆出版社，2014.

[57] 玛丽昂. 零工经济——在新工作时代学会积累财富和参与竞争

［M］．邱墨楠，译．北京：中信出版集团，2017.

［58］梅奥．霍桑实验［M］．项文辉，译．上海：立信出版社，2017.

［59］美团研究院．2019年及2020年疫情期间美团骑手就业报告［R/OL］．（2020-03-19）［2025-03-25］．https：//www.docin.com/p-2356898556.html.

［60］美团研究院．2022年骑手权益保障社会责任报告［R/OL］．（2023-02-28）［2025-03-25］．https：//www.meituan.com/news/NN230322001054486.

［61］齐宝鑫，武亚军．转型经济中民营企业成长的中长期激励机制研究——华为推行TUP的产权制度创新实践与理论启示［J］．复旦学报（社会科学版），2018，60（3）：156-169.

［62］陈维城．美团王莆中：外卖是餐饮业的一次巨大变革［EB/OL］．（2018-05-24）［2025-03-25］．https：//baijiahao.baidu.com/s？id=1809249809769466736&wfr=spider&for=pc.

［63］强亚铣．首次！美团外卖与顺丰同城、闪送、UU跑腿达成合作［EB/OL］．（2023-08-28）［2025-03-25］．https：//finance.sina.com.cn/tech/roll/2023-08-28/doc-imzitqte4972208.shtml.

［64］萨丹拉彻．分享经济的爆发［M］．周恂，译．上海：文汇出版社，2017.

［65］商务部电子商务和信息化司．商务部电子商务和信息化司负责人解读电子商务"十三五"发展规划［EB/OL］．（2016-12-30）［2025-03-25］．http：//m.mofcom.gov.cn/article/zcjd/jdgnmy/201710/20171002662591.shtml.

［66］数字经济论坛．迎接全球数字经济新浪潮——2018全球数字经济发展指数［EB/OL］．（2018-09-18）［2025-03-25］．http：//www.aliresearch.com/ch/information/informationdetails？articleCode=21560&type=％E6％96％B0％

E9%97%BB/.

[67] 斯密. 国富论 [M]. 陈星，译. 北京：北京联合出版公司，2016.

[68] 斯皮尔. 大历史与人类的未来 [M]. 孙岳，译. 北京：中信出版社，2019.

[69] 斯特凡尼. 共享经济商业模式 [M]. 郝娟娟，杨源，张敏，译. 北京：中国人民大学出版社，2016.

[70] 宋逸群，王玉海. 共享经济的缘起、界定与影响 [J]. 理论参考，2016（9）：4-9.

[71] 泰勒. 科学管理原理 [M]. 马风才，译. 北京：机械工业出版社，2007.

[72] 唐维红. 移动互联网蓝皮书：中国移动互联网发展报告 [M]. 北京：社会科学文献出版社，2023.

[73] 腾讯研究院. 数字经济：中国创新增长的新动能 [M]. 北京：中信出版社，2017.

[74] 田思路. 工业4.0时代的从属劳动论 [J]. 法学评论，2019，37（1）：76-85.

[75] 瓦尔特曼. 德国劳动法 [M]. 沈建峰，译. 北京：法律出版社，2014：42-54.

[76] 王皓. 真正的多边主义推动全球数字治理 [EB/OL]. （2022-10-24）[2025-03-25]. https://cssn.cn/gjgc/mhgj/202210/t20221031_5557311.shtml.

[77] 王琦，吴清军，杨伟国. 平台企业劳动用工性质研究：基于P网约车平台的案例 [J]. 中国人力资源开发，2018，35（8）：96-104.

[78] 王倩. 德国法中劳动关系的认定 [J]. 暨南学报（哲学社会科学版），2017，39（6）：39-48.

[79] 王倩，朱军. 德国联邦劳动法院典型判例 [M]. 北京：法律出

版社，2015.

［80］王全兴，王茜．我国"网约工"的劳动关系认定及权益保护［J］．法学，2018（4）：57-72.

［81］王天玉．基于互联网平台提供劳务的劳动关系认定——以"e代驾"在京、沪、穗三地法院的判决为切入点［J］．法学，2016（6）：50-60.

［82］王天玉．欧洲规制平台用工新动向：平台劳动者是工人还是雇员［EB/OL］．（2021-03-05）［2025-03-25］．https：//www.thepaper.cn/newsDetail_forward_11552453.

［83］王一鸣．大力推动我国经济高质量发展［J］．人民论坛，2018（9）：32-34.

［84］网经社．GrubHub：全美最大的餐饮配送网［EB/OL］．（2024-01-06）［2025-03-25］．http：//www.100ec.cn/detail--6203294.html.

［85］威利茨．数字经济大趋势［M］．徐俊杰，裴文斌，译．北京：人民邮电出版社，2013.

［86］威廉姆森，温特．企业的性质［M］．姚海鑫，邢源源，译．北京：商务印书馆，2010.

［87］魏存明．共享经济时代下我国艺术产业电商的发展现状和前瞻［J］．艺术科技，2016，29（1）：1-1.

［88］魏巍，刘贝妮，凌亚如．平台工作游戏化对网约配送员工作卷入的"双刃剑"影响——心流体验与过度劳动的作用［J］．南开管理评论，2022，25（5）：159-171.

［89］魏斯，施米特．德国劳动法与劳资关系［M］．倪斐，译．北京：商务印书馆，2012.

［90］吴勇，刘琦．平台用工的劳动关系认定及权益保护［J］．中国劳动，2019（12）：19-30.

［91］吴涛．滴滴宣布收购优步中国 后者保持运营独立［EB/OL］.

（2016-08-01）［2025-03-25］．https：//news．ifeng．com/a/20160801/49699029_0.shtml? _zbs_baidu_bk.

［92］习近平.不断做强做优做大我国数字经济［J］.求是，2022（2）：4-8.

［93］习近平.习近平向2019中国国际数字经济博览会致贺信［EB/OL］.（2019-10-11）［2025-03-25］. http：//cpc.people.com.cn/n1/2019/1011/c64094-31394635.html.

［94］肖竹.第三类劳动者的理论反思与替代路径［J］.环球法律评论，2018（6）：79-100.

［95］徐晋.平台经济学总览［M］//阿里研究院.平台经济.北京：机械工业出版社，2016.

［96］杨伟国.2019年就业政策的新定位、新举措［N］.光明日报，2019-03-18（16）.

［97］杨伟国，邱子童，郑祁.高质量发展与高素质劳动力：国际实践与中国选择［M］.大连：东北财经大学出版社，2020.

［98］杨伟国，吴清军，张建国，等.中国灵活用工发展报告［M］.北京：社会科学文献出版社，2021.

［99］杨伟国，张成刚，辛茜莉.数字经济范式与工作关系变革［J］.中国劳动关系学院学报，2018，32（5）：56-60.

［100］杨伟国，周宁.分享经济与新就业形态［M］//张车伟.新经济 新就业.北京：社会科学文献出版社，2017.

［101］驻埃及使馆经商处.优步以31亿美元收购中东竞争对手Careem［EB/OL］.（2019-03-06）［2025-03-25］. http：//m.mofcom.gov.cn/article/i/jyjl/k/201903/20190302 847648.shtml.

［102］杨云霞.分享经济中用工关系的中美法律比较及启示［J］.西北大学学报（哲学社会科学版），2016，6（5）：147-153.

［103］叶秀敏.平台经济促进中小企业创新［M］//阿里研究院.平

台经济. 北京：机械工业出版社，2016.

[104] 于凤霞. 基于劳动者保护视角的平台经济规范与发展 [J]. 中国劳动关系学院学报，2021，35（5）：27-35.

[105] 詹婧，李玉茹. "逃离工厂" 的骑手会有更强的平台留任意愿吗？——基于烙印理论的解释 [J]. 经济管理，2022（3）：123-138.

[106] 詹婧，王艺，孟续铎. 互联网平台使灵活就业者产生了分化吗？——传统与新兴灵活就业者的异质性 [J]. 中国人力资源开发，2018，35（1）：134-146.

[107] 张杉杉，杨滨伊. 零工经济中平台型灵活就业人员的劳动供给影响因素研究———来自外卖骑手的证据 [J]. 经济与管理研究，2022，43（6）：80-89.

[108] 张五常. 新卖桔者言 [M]. 北京：中信出版社，2010.

[109] 张新红. 分享经济——重构中国经济新生态 [M]. 北京：中国人民大学出版社，2016.

[110] 张秩，冯科. 新经济背景下资本雇佣劳动关系转变研究 [J]. 新经济，2017（7）：25-28.

[111] 赵磊，邓晓凌. 被 "车" 捆绑的自由——T市W网约车平台劳动控制研究 [J]. 中国青年研究，2021（4）：14-22.

[112] 赵磊，韩玥. 跨越企业边界的科层控制——网约车平台的劳动力组织与控制研究 [J]. 社会学研究，2021（5）：71-90.

[113] 郑祁. 工作经历对零工工作类型选择和收入差异的影响——基于外卖骑手和网约车司机数据的实证分析 [D]. 北京：中国人民大学，2021.

[114] 郑祁，杨伟国. 零工经济的研究视角———基于西方经典文献的述评 [J]. 中国人力资源开发，2019，36（1）：129.

[115] 郑祁，杨伟国. 零工经济前沿研究述评 [J]. 中国人力资源开发，2019，36（5）：106-115.

［116］郑祁，詹婧，冯喜良. 基础技能数字零工工时与职业伤害——基于外卖骑手数据的实证研究［J］. 人口与经济，2022（5）：110-128.

［117］郑祁，张书琬，杨伟国. 零工经济中个体就业动机探析——以北京市外卖骑手为例［J］. 中国劳动关系学院学报，2020，31（5）：53-64.

［118］中共人力资源和社会保障部党组. 全力以赴做好应对疫情稳就业工作［J］. 求是，2020（7）：59-64.

［119］中国产业研究院. 2019—2025 年中国移动医疗行业市场竞争格局及未来发展趋势报告［R/OL］.（2020-09-18）［2025-03-25］. https：//www.chinairn.com/report/20200918/102531581.html？bd_vid=12234125421900254409.

［120］中国互联网络信息中心. 第 52 次中国互联网络状况发展统计报告［R/OL］.（2023-09-12）［2025-03-25］. https：//www.100ec.cn/detail--6631924.html.

［121］中国新闻网. 美团外卖全国率先推出"无接触配送" 本周实现全国覆盖［EB/OL］.（2020-01-29）［2025-03-25］. https：//www.chinanews.com.cn/business/2020/01-29/9072642.shtml.

［122］中国信息通信研究院. 中国数字经济发展与就业白皮书（2019）［R/OL］.（2019-04-17）［2025-03-25］. http：//www.caict.ac.cn/kxyj/qwfb/bps/201904/P020190417344468720243.pdf.

［123］中国信息通信研究院. 中国数字经济发展与就业白皮书（2021）［R/OL］.（2021-04-28）［2025-03-25］. https：//www.100ec.cn/detail--6591053.html.

［124］中国信息通信研究院. 中国数字经济发展白皮书（2023）［EB/OL］.（2023-07-25）［2025-03-25］.http：//www.caict.ac.cn/kxyj/qwfb/bps/202307/t20230725_458185.htm.

［125］中国信息通信研究院政策与经济研究所.2024 年二季度我国互联网上市企业运行情况［EB/OL］.（2024-08-22）［2025-03-25］.

http：//www.caict.ac.cn/kxyj/qwfb/qwsj/202408/P020240822646526701857.
pdf.

[126] 仲琦．日本平台经济下的"类雇员"概念建构及其启示［J］.
中国劳动关系学院学报，2020，34（4）：83-91.

[127] 周畅，李琪．非标准工作与体面劳动：数据化带来的劳动问题
与政府对策［J］.中国人力资源开发，2017（8）：156-166.

[128] 朱国玮，黄静，罗映宇．算法管理下的共享经济阴暗面：概念
框架与展望［J］.南开管理评论，2024（2）：116-126.

[129] 朱小玉．新业态从业人员职业伤害保障制度探讨［J］.华中科
技大学学报，2021，35（2）：32-40.

[130] ZHENG Q，ZHAN J，FENG X.Working safety and workloads of
Chinese delivery riders：the role of work pressure［J］.International Journal
of Occupational Safety and Ergonomics，2022，29（2）：869-882.

[131] ACCENTURE.Platform economy：it's time for banks to join in and
welcome others［EB/OL］.［2025-04-21］.https：//www.accenture.com/cn-
en/insight-platform-economy-banking.

[132] ADAMS A，BERG J.When home affects pay：an analysis of the
gender pay gap among crowdworkers［J］.SSRN Electronic Journal，2017（1）：
1-23.

[133] ADAMS A，FREEDMAN J，PRASSL J.Rethinking legal
taxonomies for the gig economy［J］.Oxford Review of Economic Policy，
2018，34（3）：475-494.

[134] AMORIM H，MODA F.Work by App：algorithmic management
and working conditions of Uber drivers in Brazil［J］.Work Organisation，
Labour & Globalisation，2020，14（1）：101-118.

[135] Antitrust Modernization Commission.Report and recommendations
［R/OL］.（2007-04-02）［2025-04-21］.https：//www.themarketworks.org/

sites/default/files/uploads/studies/Antitrust-Modernization-Commission-Report-Recommendations2007.pdf

[136] APOUEY B, STABILE M.The effects of Uber diffusion on the mental health of drivers [J]. Health Economics, 2022, 31 (7): 1468-1490.

[137] ARGANDONA A.The new economy: ethical issues [J]. Journal of Business Ethics, 2003, 44 (1): 3-22.

[138] ARVIDSSON A, COLLEONI E.Value in informational capitalism and on the internet [J]. The Information Society, 2012, 28 (3): 135-150.

[139] ARYANTO V D W, CHRISMASTUI A A. Model for digital economy in Indonesia [J]. International Journal of Innovation in the Digital Economy, 2011, 2 (2): 39-55.

[140] ATMORE E C.Killing the goose that laid the golden egg: outdated employment laws are destroying the gig economy [J]. Minnesota Law Review, 2017 (96): 881-889.

[141] AUER E M, BEHREND T S, COLLMUS A B, et al.Pay for performance, satisfaction and retention in longitudinal crowdsourced research [J]. Plos One, 2021, 16 (1): 1-17.

[142] BEAUDOIN C E, HONG T.Health information seeking, diet and physical activity: an empirical assessment by medium and critical demographics [J]. International Journal of Medical Informatics, 2011, 80 (8): 586-595.

[143] BELK R.Why not share rather than own? [J]. Annuals of American Academy of Political and Social Science, 2007, 611 (1): 126-140.

[144] BENACH J, CARLES M, SOLAR O, et al.Employment, work and health inequalities: a global perspective [M]. Barcelona: Icaria Editorial, 2013.

[145] BERG J.Income security in the on-demand economy: findings and policy lessons from a survey of crowdworkers [J]. Comparative Labor Law and Policy Journal, 2016, 37 (3): 506-543.

[146] BERG J, FURRER M, HARMON E, et al. Digital labour platforms and the future of work: towards decent work in the online world [M]. Geneva: International Labour Office, 2018.

[147] BERGER I W. The collaborative, sharing economy [EB/OL]. (2013-08-28) [2025-04-21]. http://digitalcommunity.mit.edu/community/featured_content/blog/2013/08/28/the-collaborative-sharing-economy.

[148] BERGVALL-KÅREBORN B, HOWCROFT D. Amazon mechanical turk and the commodifcation of labour [J]. New Technology, Work and Employment, 2014, 29 (3): 213-223.

[149] BEVERUNGEN A, BÖHM S, LAND C. Free labour, social media, management: challenging Marxist organization studies [J]. Organization Studies, 2015, 36 (4): 473-489.

[150] BLEAKLEY H, LIN J.Thick-market effects and churning in the labor market: evidence from US cities [J]. Journal of Urban Economics, 2012, 72 (2-3): 87-103.

[151] BLONDEL F, EDOUARD S.Entrance into a platform-dominated market: virtue of an open strategy on the numerical computation market [J]. Canadian Journal of Administrative Sciences, 2015, 32 (3): 177-188.

[152] BÖHM S, LAND C.The new "hidden abode": reflections on value and labour in the new economy [J]. The Sociological Review, 2012, 60 (2): 217-240.

[153] BONCIU F.Impact of the sharing economy on the labour market [J]. Romanian Economic and Business Review, 2016, 11 (2): 43-51.

[154] BOOTH A L, FRANCESCONI M, FRANK J.Temporary jobs:

stepping stones or dead ends? [J]. Economic Journal, 2002, 112 (480): 189-213.

[155] BRESNAHAN T F, GREENSTEIN S. Technological competition and the structure of the computer industry [J]. The Journal of Industrial Economics, 1999, 47 (1): 1-40.

[156] BUCHER E, FIESELER C, LUTZ C, et al. Professionals, purpose-seekers, and passers-through: how microworkers reconcile alienation and platform commitment through identity work [J]. New Media & Society, 2021, 11 (5): 1-26.

[157] BUGHIN J, MISCHKE J. Exploding myths about the gig economy [EB/OL]. (2016-11-28) [2025-04-21]. https://www.mckinsey.com/mgi/overview/in-the-news/exploding-myths-about-the-gig-economy#/.

[158] Bundesministeriums der Justiz, Bundesamts für Justiz. Heimarbeitsgesetz [EB/OL]. (2024-10-23) [2025-04-21]. https://www.gesetze-im-internet.de/hag/HAG.pdf.

[159] Bundesministeriums der Justiz, Bundesamts für Justiz. Handelsgesetzbuch [EB/OL]. (2025-02-28) [2025-04-21]. https://www.gesetze-im-internet.de/hgb/HGB.pdf.

[160] Bundesministeriums der Justiz, Bundesamts für Justiz. Gewerbeordnung [EB/OL]. (2024-12-27) [2025-04-21]. https://www.gesetze-im-internet.de/gewo/GewO.pdf.

[161] Bundesministeriums der Justiz, Bundesamts für Justiz. Tarifvertragsgesetz [EB/OL]. (2020-05-20) [2025-04-21]. https://www.gesetze-im-internet.de/tvg/TVG.pdf.

[162] Bundesministeriums der Justiz, Bundesamts für Justiz. Mindesturlaubsgesetz für Arbeitnehmer (Bundesurlaubsgesetz) [EB/OL]. (2013-04-20) [2025-04-21]. https://www.gesetze-im-internet.de/burlg/

BUrlG.pdf.

［163］ Bundesministeriums der Justiz, Bundesamts für Justiz. Gesetz zur Verbesserung der betrieblichen Altersversorgung （Betriebsrentengesetz － BetrAVG）［EB/OL］.（2022-12-20）［2025-04-21］. https：//www. gesetze-im-internet.de/betravg/BetrAVG.pdf.

［164］ Bundesministeriums der Justiz, Bundesamts für Justiz. Gesetz über die Durchführung von Maßnahmen des Arbeitsschutzes zur Verbesserung der Sicherheit und des Gesundheitsschutzes der Beschäftigten bei der Arbeit （Arbeitsschutzgesetz － ArbSchG）［EB/OL］.（2024-07-15）［2025-04-21］. https：//www.gesetze-im-internet.de/arbschg/ArbSchG.pdf.

［165］ Bundesministeriums der Justiz, Bundesamts für Justiz. Allgemeines Gleichbehandlungsgesetz （AGG）［EB/OL］.（2023-12-22）［2025-04-21］. https：//www.gesetze-im-internet.de/agg/AGG.pdf.

［166］ Bundesministeriums der Justiz, Bundesamts für Justiz. Arbeitsgerichtsgesetz ［EB/OL］.（2024-10-24）［2025-04-21］. https：// www.gesetze-im-internet.de/arbgg/ArbGG.pdf.

［167］ Bundesministeriums der Justiz, Bundesamts für Justiz. Sozialgesetzbuch （SGB）Sechstes Buch （VI）－Gesetzliche Rentenversicherung- （Artikel 1 des Gesetzes v. 18. Dezember 1989, BGBl. I S. 2261, 1990 I S. 1337）［EB/OL］.（2024-12-18）［2025-04-21］.https：//www.gesetze-im-internet.de/sgb_6/SGB_6.pdf.

［168］ Bundesministeriums der Justiz, Bundesamts für Justiz. Bürgerliches Gesetzbuch （BGB）［EB/OL］.（2025-04-07）［2025-04-21］. https：//www.gesetze-im-internet.de/bgb/BGB.pdf.

［169］ BURAWOY M. Manufacturing consent：changes in the labor process under monopoly capitalism ［M］. Chicago：University of Chicago Press, 1979.

[170] BURAWOY M.The politics of production: factory regimes under capitalism and socialism [M]. London: New Left, 1985.

[171] BURTCH G, CARNAHAN S, GREENWOOD B N.Economic and business dimensions of unknowns of the gig-economy [J]. Communications of the ACM, 2017, 60 (7): 27-30.

[172] BURTCH G, CARNAHAN S, GREENWOOD B N.Can you gig it? An empirical examination of the gig economy and entrepreneurial activity [J]. Management Science, 2018, 64 (12): 5497-5520.

[173] CAI Y, KONG W, LIAN Y, et al.Depressive symptoms among Chinese informal employees in the digital era [J]. International Journal of Environmental Research and Public Health, 2021, 18 (10): 1-13.

[174] California Government. California Assembly Bill No. 5—Worker Status: Employees and Independent Contractors [EB/OL]. (2020-01-17) [2025-04-21]. https://www. camico. com/blog/california-assembly-bill-no-5.

[175] CAMERON L D. "Making out" while driving: relational and efficiency games in the gig economy [J]. Organization Science, 2022, 33 (1): 231-252.

[176] CAO X Y, ZHANG D, HUANG L.The impact of the COVID-19 Pandemic on the behavior of online gig workers [J]. Manufacturing & Service Operations Management, 2022, 24 (5): 2387-2796.

[177] CAPPELLI P, KELLER J R.Classifying work in the new economy [J]. Academy of Management Review, 2013, 38 (4): 575-596.

[178] CARMEN N, RAZVAN C.The digital economy and the evolution of waste electrical and electronic equipment in European Union [J]. Communications of the IBIMA, 2008, 4 (2): 8-12.

[179] CHEN M K, ROSSI P E, CHEVALIER J A, et al.The value of

flexible work：evidence from Uber drivers［J］. Journal of Political Economy, 2019（6）：2735-2794.

［180］ CHENG M，FOLEY C. Algorithmic management：the case of Airbnb［J］. International Journal of Hospitality Management, 2019（83）：33-36.

［181］ CHERRY M A，ALOISI A. A critical examination of a third employment category for on-demand work：in comparative perspective［M］// DAVIDSON N，FINCK M，INFRANCA J.The Cambridge handbook of the law of the sharing economy. Cambridge：Cambridge University Press, 2018：316-327.

［182］ CHICHILNISKY G. The knowledge revolution［J］. Journal of International Trade and Economic Development, 1997（4）：107-111.

［183］ CHURCHILL B，CRAIG L.Gender in the gig economy：men and women using digital platforms to secure work in Australia［J］. Journal of Sociology, 2019, 55（4）：741-761.

［184］ CLAWSON D.Bureaucracy and the labor process：the transformation of U.S.industry, 1860-1920［M］. New York：Monthly Review Press, 1980.

［185］ CODAGNONE C，ABADIE F，BIAGI F.The future of work in the "Sharing Economy"：market efficiency and equitable opportunities or unfair precarisation?［EB/OL］.（2016-05-27）［2025-04-21］. http：//publications. jrc.ec.europa.eu/repository/bitstream/JRC101280/jrc101280.pdf.

［186］ COUNTOURIS N.The changing law of the employment relationship：comparative analyses in the European context［M］. Farnham：Ashgate Publishing, 2007.

［187］ CRESCI E. #DeleteUber：how social media turned on Uber［EB/ OL］.（2017-01-30）［2025-04-21］. https：//www. theguardian. com/ technology/2017/jan/30/deleteuber-how-socialmedia-turned-on-uber.

［188］ CULPEPPER P D, THELEN K. Are we all Amazon primed? Consumers and the politics of platform power ［J］. Comparative Political Studies, 2020, 53 （2）: 288-318.

［189］ CUYPER N D, JONG J D, WITTE H D, et al. Literature review of theory and research on the psychological impact of temporary employment: towards a conceptual model ［J］. International Journal of Management Reviews, 2018, 10 （1）: 25-51.

［190］ D'CRUZ P, NORONHA E. Positives outweighing negatives: the experiences of Indian crowdsourced workers ［J］. Work Organisation, Labour & Globalisation, 2016, 10 （1）: 44-63.

［191］ DE STEFANO V. The rise of the just-in-time workforce: on-demand work, crowdwork and labour protection in the gig-economy ［J］. Comparative Labor Law Journal, 2016, 37 （3）: 471-504.

［192］ DE WISPELAERE J, STIRTON L. The many faces of universal basic income ［J］. The Political Quarterly, 2004, 75 （3）: 266-274.

［193］ DEL CONTE M. Lavoro autonomo e lavoro subordinato: la volontà e gli indici di denotazione ［J］. Orientamenti della giurisprudenza del lavoro, 1995, 12 （3）: 66-78.

［194］ Deloitte Access Economics. Developments in the Collaborative Economy in NSW ［EB/OL］. （2017-07-03） ［2025-04-21］. https: //www2. deloitte. com/au/en/pages/economics/articles/review-collaborative-economy-nsw.html.

［195］ DENG Z, LIU S, HINZ O. The health information seeking and usage behavior intention of Chinese consumers through mobile phones ［J］. Information Technology & People, 2015, 28 （2）: 405-423.

［196］ DIAMOND P. Aggregate demand management in search equilibrium ［J］. The Journal of Political Economy, 1982, 90 （5）: 881-894.

[197] DING S. The impact of informal employment on residents' subjective well-being – experience analysis of Chinese general social survey (CGSS) [J]. Research in Economics and Management, 2017, 38 (4): 57-67.

[198] DOKKO J, MUMFORD M, SCHANZENBACH D W. Workers and the online gig economy: a Hamilton project framing paper [EB/OL]. (2015-12-09) [2025-04-21]. https: //www. hamiltonproject. org/wp-content/uploads/2023/01/workers_and_the_online_gig_economy.pdf.

[199] DONG J Q, WU W. Business value of social media technologies: evidence from online user innovation communities [J]. Journal of Strategic Information Systems, 2015, 24 (2): 113-127.

[200] DONOVAN S A, BRADLEY D H, SHIMABUKURU J O. What does the gig economy mean for workers? [EB/OL]. (2016-02-05) [2025-04-21]. https: //digital.library.unt.edu/ark: /67531/metadc824431/.

[201] DUÄBLER W. Working people in German [J]. Comparative Labor Law & Policy Journal, 1999, 21 (1): 88.

[202] DUFFY B E. The romance of work: gender and aspirational labour in the digital culture industries [J]. International Journal of Cultural Studies, 2016, 19 (4): 441-457.

[203] EDELMAN B, LUCA M. Digital discrimination: the case of Airbnb. com [Z]. Boston: Harvard Business School NOM Unit Working Paper, 2014.

[204] EDWARDS R. Contested terrain [M]. New York: Basic Books, 1979.

[205] ELLEN MCG. Google searches its soul [J]. Fortune, 2017, 175 (2): 48-56.

[206] ELSENMANN T, PARKER G, VAN ALSTYNE M. Platform envelopment [J]. Strategic Management Journal, 2011, 32 (12): 1270-

1285.

[207] European Commission. Entrepreneurship 2020 action plan: reigniting the entrepreneurial spirit in Europe [R]. Brussels: European Commission, 2013.

[208] European Commission, OECD. Policy brief on senior entrepreneurship-entrepreneurial activities in Europe [R]. Brussels: European Commission, 2013.

[209] European Commission. Digital single market strategy for Europe [R]. Brussels: European Commission, 2015.

[210] European Commission. A European agenda for the collaborative economy [R]. Brussels: European Commission, 2016.

[211] European Commission. Action plan integration third country nationals [R]. Brussels: European Commission, 2016.

[212] European Commission. The future of work: skills and resilience for a world of change [R]. Brussels: European Commission, 2016.

[213] European Commission. The importance of the digital economy [R]. Brussels: European Commission, 2017.

[214] European Commission. Study to gather evidence on the working conditions of platform workers [R]. Brussels: European Commission, 2018.

[215] European Commission. General data protection regulation: one year on [R]. Brussels: European Commission, 2019.

[216] European Labour Law Network. Regulating the employment relationship in Europe: a guide to recommendation No. 198 [R]. Geneva: International Labour Office, 2013.

[217] European Parliament and Council of the European Union. Directive (EU) 2024/2831 of the European Parliament and of the Council on improving working conditions in platform work [EB/OL]. (2024-11-11) [2025-04-

21]. https: //eur-lex.europa.eu/legal-content/EN/TXT/PDF/? uri=OJ%3AL_202402831.

[218] EVANS D S, SCHMALENSEE R. Why winner-takes-all thinking doesn't apply to the platform economy [J]. Harvard Business Review, 2016 (5): 2-6.

[219] FABO B, KARANOVIC J, DUKOVA K. In search of an adequate European policy response to the platform economy [J]. Transfer: European Review of Labour and Research, 2017, 23 (2): 163-175.

[220] FARRELL D, GREIG F. Paychecks, paydays, and the online platform economy: big data on income volatility [EB/OL]. (2016-02) [2025-04-21]. https: //www.jpmorganchase.com/corporate/institute/document/ jpmc-institute-volatility-2-report.pdf.

[221] Federal Trade Commission. The "Sharing" economy: issues facing platforms, participants and regulators: a federal trade commission staff report (November 2016) [EB/OL]. [2025-04-21]. https: //www.ftc.gov/ reports/sharing-economy-issues-facing-platforms-participants-regulators-federal-trade-commission.

[222] FELSON M, SPAETH J L. Community structure and collaborative consumption: a routine activity approach [J]. American Behavioral Scientist, 1978, 21 (4): 614-624.

[223] FIESELER C, BUCHER E, HOFFMANN C P. Unfairness by design? The perceived fairness of digital labor on crowdworking platforms [J]. Journal of Business Ethics, 2019, 156 (4): 987-1005.

[224] FISH A, SRINIVASAN R. Digital labor is the new killer app [J]. New Media & Society, 2011, 14 (1): 137-152.

[225] FLANAGAN F. Symposium on work in the "gig" economy: introduction [J]. Economic and Labour Relations Review, 2017, 28 (3):

378-381.

[226] FLEMING P, STURDY A. Being yourself in the electronic sweatshop: new forms of normative control [J]. Human Relations, 2011, 64 (2): 177-200.

[227] FOX M A, SPICER KRISTEN, CHOSEWOOD L C, et al. Implications of applying cumulative risk assessment to the workplace [J]. Environment International, 2018, 115 (6): 230-238.

[228] France Government. Regulation of the digital economy in France and Europe [EB/OL]. (2024-01-06) [2025-04-21] .http: //www.gouvernement. fr/en/regulation-of-the-digital-economy-in-france-and-europe. (2017).

[229] FREEDLAND M R, KOUNTOURIS N. The legal construction of personal work relations [M]. Oxford: Oxford University Press, 2011.

[230] FRENKEN K. Political economies and environmental futures for the sharing economy [J]. Philosophical Transactions of the Royal Society A: Mathematical, Physical and Engineering Sciences, 2017, 375 (2095): 1-15.

[231] FREY S. What can economists learn from happiness research? [J]. Journal of Economic Literature, 2002, 40 (2): 402-435.

[232] FRIEDMAN G. Workers without employers: shadow corporations and the rise of the gig economy [J]. Review of Keynesian Economics, 2014, 2 (2): 171-188.

[233] FROST J. Uber and the gig economy: can the legal world keep up? [J] Scitech Lawyer, 2017 (7): 4-7.

[234] GALIMULINA F F, SHINKEVICH A I, IRINA, KOMISSAROVA I P, et al. Technology platforms as an efficient tool to modernize Russia's economy [J]. International Journal of Economics and Financial Issues, 2016, 6 (1): 163-168.

[235] GANDINI A. Labour process theory and the gig economy [J]. Human Relations, 2019, 72 (6): 1039-1056.

[236] GANSKY L. The mesh: why the future of business is sharing? [M] New York: Portfolio, 2010.

[237] GEHL R W. The archive and the processor: the internal logic of web 2.0 [J]. New Media & Society, 2011, 13 (8): 1228-1244.

[238] GLEIM M R, JOHNSON C, LAWSON S. Sharers and sellers: a multi-group examination of gig economy workers' perceptions [J]. Journal of Business Research, 2019, 98 (5): 142-152.

[239] GIBSON J J. The ecological approach to visual perception [M]. Hillsdale, NJ: Lawrence Erlbaum, 1986.

[240] GOODS C, VEEN A, BARRATT T. "Is your gig any good?" Analyzing job quality in the Australian platform-based food-delivery sector [J]. Journal of Industrial Relations, 2019, 61 (4): 502-527.

[241] GOSWAMI M. Revolutionizing employee employer relationship via gig economy [EB/OL]. (2020-11-01) [2025-04-21]. http://ifgyz391f4815d8064db7sq9pkwxk9uq566cvc.fafb.libproxy.ruc.edu.cn/10.1016/j.matpr.2020.09.436.

[242] GRAHAM M, HJORTH I, LEHDONVIRTA V. Digital labour and development: impacts of global digital labour platforms and the gig economy on worker livelihoods [J]. Transfer (Brussels, Belgium), 2017, 23 (2): 135-162.

[243] HALL J V, KRUEGER A B. An analysis of the labor market for Uber's driver-partners in the united states [J]. ILR Review, 2018, 71 (3): 705-732.

[244] HAMID N, FAIZAN K. Entrepreneurship and innovation in the digital economy [J]. The Lahore Journal of Economics, 2009 (9): 273-312.

[245] HARMS J B, KNAPP T.The new economy: what's new, what's not [J]. Review of Radical Political Economics, 2002, 35 (4): 413-436.

[246] HITLIN P.Research in the crowdsourcing age, a case study: how scholars, companies and workers are using Mechanical Turk, a "gig economy" platform, for tasks computers can't handle [EB/OL]. (2016-07-11) [2025-04-21]. http: //www.pewinternet.org/2016/07/11/research-in-the-crowdsourcing-age-a-case-study/.

[247] HOEDEMAEKERS C.Creative work and affect: social, political and fantasmatic dynamics in the labour of musicians [J]. Human Relations, 2018, 71 (10): 1348-1370.

[248] HOGAN B J. Networking in everyday life [D]. Toronto: University of Toronto, 2009.

[249] HORNEY N.The gig economy: a disruptor requiring HR agility [J]. People and Strategy, 2016, 39 (3): 20-28.

[250] HUNT A, SAMMAN E. Gender and the gig economy: critical steps for evidence-based policy [EB/OL]. (2019-01-24) [2025-04-21]. https: //www. odi. org/publications/11272-gender-and-gig-economy-critical-steps-evidence-based-policy.

[251] HUNT A, SAMMAN E, ILLE D, et al. The gig economy in complex refugee situations [J]. Forced Migration Review, 2018 (58): 47-49.

[252] IMAI K-I.Platforms and real options in industrial organization [J]. The Japanese Economic Review, 2000, 51 (9): 308-333.

[253] IMF.Role of business in supporting a more inclusive global economy [EB/OL]. (2016-10-10) [2025-04-21]. http: //www. imf. org/en/news/articles/2016/10/10/sp101016-the-role-of-business-in-supporting-a-more-inclusive-global-economy.

［254］ASLAM A，SHAH A. Taxation and the peer-to-peer economy ［M］// GUPTA S，KEEN M，SHAH A，et al. Digital revolutions in public finance. Washington D.C.：International Monetary Fund，2017.

［255］IMF. The online platform economy ［R］. Washington，D.C.：International Monetary Fund，2018.

［256］ILO. Decent work and the informal economy：sixth item on the agenda（90th Session）［R］. Geneva：International Labour Office，2002.

［257］ILO. The employment relationship report V （1）［R］. Geneva：International Labour Office，2006.

［258］ILO. Non-standard employment around the world：understanding challenges，shaping prospects ［EB/OL］.（2016-11-16）［2025-04-21］. https：//www. ilo. org/sites/default/files/wcmsp5/groups/public/%40dgreports/%40dcomm/%40publ/documents/publication/wcms_534326.pdf.

［259］IRIZARRY T，DABBS A D，CURRAN C R. Patient portals and patient engagement：a state of the science review ［J］. Journal of Medical Internet Research，2015，17（6）：1-15.

［260］ITALIA. Approvazione del testo del Codice civile，REGIO DECRETO 16 marzo 1942-XX，n.262 ［EB/OL］.［2025-04-21］. https：//www. codice-civile-online. it/regio-decreto-16-marzo-1942-xx-n-262/approvazione-del-testo-del-codice-civile.

［261］ITALIA. LEGGE 11 agosto 1973，n.533 ［EB/OL］.［2025-04-21］. https：//www. normattiva. it/uri-res/N2Ls？urn：nir：stato：legge：1973-08-11；533！vig=.

［262］ITALIA. DECRETO LEGISLATIVO 10 settembre 2003，n. 276 ［EB/OL］.［2025-04-21］. https：//www. normattiva. it/atto/caricaDettaglioAtto？atto. dataPubblicazioneGazzetta=2003-10-09&atto. codiceRedazionale=003G0297 &atto. articolo. numero=0&atto. articolo. sottoArticolo=1&atto. articolo.

sottoArticolo1=10&qId=c3b0ff85-6ca5-4aa3-b43d-3291021eda08&tabID=
0.18641206260773835&title=lbl.dettaglioAtto.

[263] ITALIA.DECRETO LEGISLATIVO 15 giugno 2015, n.81 [EB/
OL] . [2025-04-21] . https: //www. normattiva. it/atto/caricaDettaglioAtto?
atto. dataPubblicazioneGazzetta=2015-06-24&atto. codiceRedazionale=15G00095
&atto. articolo. numero=0&atto. articolo. sottoArticolo=1&atto. articolo.
sottoArticolo1=10&qId=cb4c7de7-8b50-4582-a4cf-339621a8ab3e&tabID=
0.18641206260773835&title=lbl.dettaglioAtto.

[264] ITU. ICT facts and figures 2022 [R/OL] . (2022-11-30) [2025-
04-21] . https: //www. itu. int/zh/mediacentre/Pages/PR-2022-11-30-Facts-
Figures-2022.aspx.

[265] JAROS S J. Marxian critiques of Thompson's (1990) 'core'
labour process theory: an evaluation and extension [J] . Ephemera: Theory
& Politics in Organization, 2005, 5 (1): 50-25.

[266] JEFFEFY. Who needs staff? [J] . People Management, 2017
(5): 26-31.

[267] JOHN N A. The social logics of sharing [J] . The Communication
Review, 2013, 16 (3): 113-131.

[268] JOHNSTON A C, WORRELL J L, DI GANGI P M, et al. Online
health communities: an assessment of the influence of participation on patient
empowerment outcomes [J] . Information Technology & People, 2013, 26
(2): 213-235.

[269] JOHNSTON H, LAND-KAZLAUSKAS C. Organizing on-
demand: representation, voice, and collective bargaining in the gig economy
[R] . Geneva: ILO, 2018.

[270] JOHNSTONE R, STEWART A. Swimming against the tide?
Australian labor regulation and the fissured workplace [J] . Comparative Labor

Law & Policy Journal, 2015（37）：55.

[271] JONES C I.The future of the new economy [EB/OL]. （2001-05-11）[2025-04-21]. https：//www.frbsf.org/research-and-insights/publications/economic-letter/2001/05/the-future-of-the-new-economy/.

[272] JUNG C, PADMAN R. Virtualized healthcare delivery: understanding users and their usage patterns of online medical consultations [J]. International Journal of Medical Informatics, 2014, 83（12）：901-914.

[273] KALLEBERG A L. Precarious work, insecure workers: employment relations in transition [J]. American Sociological Review, 2009, 74（1）：1-22.

[274] KALLEBERG A L.Good jobs, bad jobs: the rise of polarized and precarious employment systems in the United States, 1970s-2000s [M]. New York: Russell Sage Foundation Publications, 2011.

[275] KALLEBERG A L, DUNN M.Good jobs, bad jobs in the gig economy [J]. LERA for Libraries, 2016（20）：10-75.

[276] KÄSSI L, LEHDONVIRTA V.Online labour index: measuring the online gig economy for policy and research [J]. Technological Forecasting and Social Change, 2018（137）：241-248.

[277] KATZ L F, KRUEGER A B.The rise and nature of alternative work arrangements in the United States, 1995-2015 [J]. ILR Review, 2019, 72（2）：382-416.

[278] KAUFMANN N, SCHULZE T, VEIT D. More than fun and money: worker motivation in crowdsourcing - a study on mechanical turk [EB/OL]. （2011-08-06）[2025-04-21]. https：//aisel.aisnet.org/cgi/viewcontent.cgi? article=1334&context=amcis2011_submissions.

[279] KENNEY M, JOHN Z.The rise of the platform economy [J]. Science and Technology, 2016, 9（3）：61-70.

［280］KIM J. Infrastructure of the digital economy: some empirical findings with the case of Korea［J］. Technological Forecasting and Social Change, 2003, 73 (4): 377-389.

［281］KNIGHTS D, WILLMOTT H. Labour process theory［M］. Basingstoke: Palgrave Macmillan, 1990.

［282］Kyodo News. Uber Eats sees 20% contract jump in March as eateries losing guests［EB/OL］. (2020-04-06)［2025-04-21］. https://english.kyodonews.net/news/2020/04/124cbc236bba-uber Umer 13 eats-sees-20-contract-jump-in-march-as-eateries-losing-guests.html.

［283］LANDEFELD J S, FRAUMENI B M.Measuring the new economy［EB/OL］. (2001-03-23)［2025-04-21］. https://www.bea.gov/papers/pdf/newec.pdf.

［284］LANDINI F.The evolution of control in the digital economy［J］. Journal of Evolutionary Economics, 2016 (26): 407-441.

［285］LAU J L.The impact of the new economy on developing countries［EB/OL］.［2025-04-21］. https://web.stanford.edu/~ljlau/Presentations/Presentations/NBS.PDF.

［286］LAZZARATO M.Lavoro immateriale: forme di vita e produzione di soggettività［M］. Verona: Ombre corte, 1997.

［287］LEE J, KYUNG M. Understanding perception of algorithmic decisions: fairness, trust, and emotion in response to algorithmic management［J］. Big Data & Society, 2018, 5 (1): 1-16.

［288］LEHDONVIRTA V. Algorithms that divide and unite: delocalization, identity, and collective action in "microwork"［M］// FLECKER J.Space, place and global digital work.London: Palgrave Macmillan, 2016: 53-80.

［289］LEHDONVIRTA V.Flexibility in the gig economy: managing time on three online piecework platforms [J]. New Technology, Work and Employment, 2018, 33 (1): 13-29.

[290] LEVITT A. Speech by SEC chairman: remarks at the finance conference 2000: "The new economy" [EB/OL]. (2000-03-06) [2025-04-21]. https: //www.sec.gov/news/speech/spch352.htm.

[291] LI X, DENG B T, YE H.The research based on the 3-R principle of agro-circular economy model-the erhai lake basin as an example [J]. Energy Procedia, 2011 (5): 1399-1404.

[292] LIEBMAN S.Employment situations and workers' protection in Italy [EB/OL]. (1999-09-01) [2025-04-21]. https: //ilo. org/wcmsp5/groups/public/---ed_dialogue/---dialogue/documents/genericdocument/wcms_205366.pdf.

[293] LITTLER C R.The development of the labor process in capitalist societies [M]. London: Heinemann, 1982.

[294] LIZZIE R.Performing the sharing economy [J]. Geoforum, 2015, 67 (12): 121-129.

[295] LOBEL O.The gig economy and the future of employment and labor law [J]. University of San Francisco Law Review, 2017, 51 (1): 51-73.

[296] LOCKE J.Second treatise of government and a letter concerning toleration [M]. Oxford: Oxford University Press, 2016.

[297] LOFGREN O.The new economy: a culture history [J]. Global Networks, 2003 (3): 239-254.

[298] LOTT Y. Working-time flexibility and autonomy: a European perspective on time adequacy [J]. European Journal of Industrial Relations, 2015, 21 (3): 259-274.

[299] LOWE M. Uber's gambit: reassessing the regulatory realities of the "gig economy" [J]. Cornlell HR Review, 2017 (1): 1-5.

[300] LU H Y, SHAW B R, GUSTAFSON D H. Online health

consultation: examining uses of an interactive cancer communication tool by low-income women with breast cancer [J]. International Journal of Medical Informatics, 2011, 80 (7): 518-528.

[301] LUCAS E R.Adaptation and the set-point model of subjective well-being: does happiness change after major life events? [J]. Current Directions in Psychological Science, 2017, 16 (2): 75-79.

[302] MANYIKA J, LUND S, BUGHIN J, et al.Independent work: choice, necessity, and the gig econom [EB/OL]. (2016-10-10) [2025-04-21]. https: //www.mckinsey.com/global-themes/employment-and-growth/independent-work-choice-necessity-and-the-gig-economy.

[303] MARTIN C J, UPHAM P, BUDD L.Commercial orientation in grassroots social innovation: insights from the sharing economy [J]. Ecological Economics, 2015 (118): 240-251.

[304] MASI P D, ESTEVAO M, KODRES L.Who has a new economy? [EB/OL]. [2025-04-21]. http: //www.imf.org/external/pubs/ft/fandd/2001/06/demasi.htm.

[305] MATHERNE B P, O'TOOLE J.Uber: aggressive management for growth [J]. Case Journal, 2017, 13 (4): 561-586.

[306] MATSAGANIS M, ÖZDEMIR E, WARD A T, et al.Non-standard employment and access to social security benefits [EB/OL]. (2016-01) [2025-04-21] http //ec.europa.eu/social/BlobServlet docId=15687&langId=en.

[307] MATZLER K, VEIDER V, KATHAN W.Adapting to the sharing economy [J]. MIT Sloan Management Review, 2015, 56 (2): 71-77.

[308] MAYES R. A social license to operate: corporate social responsibility, local communities and the constitution of global production networks [J]. Global Network, 2015 (15): 109-128.

[309] MCKINNON R. Introduction: social security and the digital

economy – Managing transformation [J]. International Social Security Review, 2019, 72 (3): 5-16.

[310] MILKMAN R, ELLIOTT-NEGRI L, GRIESBACH K, et al. Gender, class, and the gig economy: the case of platform-based food delivery [J]. Critical Sociology, 2021, 47 (3): 357-372.

[311] MINIFIE J.Peer-to-peer pressure: policy for the sharing economy [EB/OL]. (2016-04-13) [2025-04-21]. https: //grattan. edu. au/report/ peer-to-peer/.

[312] MISHEL L.Uber is not the future of work [EB/OL]. (2015-11-16) [2025-04-21]. https: //www. theatlantic. com/business/archive/2015/11/ uber-is-not-the-future-of-work/415905/.

[313] MOISANDER J, GROß C, ERÄRANTA K. Mechanisms of biopower and neoliberal governmentality in precarious work: mobilizing the dependent self-employed as independent business owners [J]. Human Relations, 2018, 71 (3): 375-398.

[314] MONTEITH W, GIESBERT L. "When the stomach is full we look for respect": perceptions of "good work" in the urban informal sectors of three developing countries [J]. Work, Employment and Society, 2017, 31 (5): 816-833.

[315] MOORE P.The quantified self in precarity: work, technology and what counts [M]. London: Routledge, 2017.

[316] MOORE P, ROBINSON A.The quantified self: what counts in the neoliberal workplace [J]. New Media & Society, 2016, 18 (11): 2774-2792.

[317] MORITA Y.Relationship between occupational injury and gig work experience in Japanese workers during the COVID-19 pandemic: a cross-sectional internet [J]. Industrial Health, 2022 (60): 360-370.

[318] MULCAHY D. Will the gig economy make the office obsolete? [J]. Harvard Business Review, 2017 (3): 2-4.

[319] MULCAHY D. The gig economy [M]. New York: American Management Association, 2017a.

[320] MULLAN K, WAJCMAN J.Have mobile devices changed working patterns in the 21st century? A time-diary analysis of work extension in the UK [J]. Work, Employment and Society, 2017, 33 (1): 3-20.

[321] NAKATSU R T, GROSSMAN E B, IACOVOU C L.A taxonomy of crowdsourcing based on task complexity [J]. Journal of Information Science, 2014, 40 (6): 823-834.

[322] NEFF G.Venture labor: work and the burden of risk in innovative industries [M]. Cambridge, MA: MIT Press, 2012.

[323] OECD.Measuring what people know: human capital accounting for the knowledge economy [M]. Paris: OECD, 1996.

[324] OECD. A new economy? The changing role of innovation and information technology in growth [M]. Paris: OECD, 2000.

[325] OECD. The well-being of nations: the role of human and social capital [M]. Paris: OECD, 2001.

[326] OECD.OECD digital economy outlook 2015 [M]. Paris: OECD, 2015.

[327] OECD. Policies for the tourism sharing economy [R]. Paris: OECD, 2016.

[328] OECD.It's a gig, but is it a job? [R]. Paris: OECD, 2016.

[329] OECD.Protecting consumers in peer platform market [EB/OL]. (2016-05-25) [2025-04-21]. http: //www. keepeek. com/Digital-Asset-Management/oecd/science-and-technology/protecting-consumers-in-peer-platform-markets_5jlwvz39m1zw-en#page4.

［330］OECD.Digital economy outlook 2017 ［M］. Paris：OECD，2017.

［331］OECD.Measuring the digital economy： a new perspective ［M］. Paris：OECD，2017.

［332］OECD.Protecting workers from low pay in the future world of work： are piece rate minimum wages part of the answer? ［EB/OL］. ［2025-04-21］. https：//one.oecd.org/document/DELSA/ELSA （2018）1/en/pdf.

［333］ OECD. The missing entrepreneurs 2019 policies for inclusive entrepreneurship ［M］. Paris：OECD，2019.

［334］ORSI J.Sharing economy just got real ［EB/OL］. （2013-09-16）［2025-04-21］. http：//www. shareable. net/blog/the-sharing-economy-just-got-real.

［335］PATEL M，WAYNFORTH D.Influences of zero hour contracts and disability - analysis of the 1970 British cohort study ［J］. Population Health，2022（19）：1-5.

［336］PILZ D，GEWALD H.Does money matter? Motivational factors for participation in paid-and non-profit crowdsourcing communities ［EB/OL］. （2013-04-19）［2025-04-21］. https：//aisel.aisnet.org/wi2013/37/.

［337］POHJOLA M.The new economy： facts， impacts and policies ［J］. Information Economics and Policy，2002，4（2）：133-144.

［338］POON T S C.Independent workers： growth trends， categories, and employee relations implications in the emerging gig economy ［J］. Employee Responsibilities and Rights Journal，2019（31）：63-69.

［339］PricewaterhouseCoopers.The sharing economy-sizing the revenue opportunity ［EB/OL］. （2015-04-04）［2025-04-21］. https：//www.pwc.co.uk/ issues/megatrends/collisions/sharingeconomy/outlook-for-the-sharing-economy-in-the-uk-2016.html.

［340］PUTNAM L L， MYERS K K， GAILLIARD B M.Examining the

tensions in workplace flexibility and exploring options for new directions [J].
Human Relations, 2014, 67 (4): 413-440.

[341] RAHMAN K S, THELEN K. The rise of the platform business
model and the transformation of twenty-first-century capitalism [J]. Politics
& Society, 2019, 47 (2): 177-204.

[342] RAVENTÓS D. Basic income: the material conditions of freedom
[M]. London: Pluto Press, 2007.

[343] RECURRENCY T. How much are people making from the sharing
economy? [EB/OL]. (2017-06-15) [2025-04-21]. https: //priceonomics.
com/how-much-are-people-making-from-the-sharing/.

[344] REENEN J V. The new economy: reality and policy [J]. Fiscal
Studies, 2001, 22 (3): 307-336.

[345] ROLES C, STEWART A. The reach of labour regulation: tackling
sham contracting [J]. Australian Journal of Labour Law, 2012, 25 (3):
258-283.

[346] ROSEN D. The gig economy and career pathways [EB/OL].
(2016-04-23) [2025-04-21]. https: //community. lincs. ed. gov/discussion/
gig-economy-and-career-pathways.

[347] ROSENBLAT A. Uberland: how algorithms are rewriting the rules
of work [M]. Oakland: University of California Press, 2018.

[348] ROSENBLAT A, STARK L. Algorithmic labor and information
asymmetries: a case study of Uber's drivers [J]. International Journal of
Communication, 2016, 10 (27): 3758-3784.

[349] ROTHENBERG P. Uber Eats officially launches in Tokyo [EB/
OL]. (2016-09-28) [2025-04-21]. https: //www. techinasia. com/ubereats-
official-tokyo-launch.

[350] RUBERY J. A gender lens on the future of work [J]. Journal of

International Affairs. 2019, 7 (1): 91-105.

[351] RUBERY J, GRIMSHAW D.ICTs and employment: the problem of job quality [J]. International Labour Review, 2001, 140 (2): 165-192.

[352] SAMUELSON P, VARIAN H R. The "new economy" and information technology policy [EB/OL]. (2001-07-18) [2025-04-21]. http: //people.ischool.berkeley.edu/~pam/papers/infopolicy.

[353] SANDERS D E, PATTISON P.Worker characterization in a gig economy viewed through an uber centric lens [J]. Southern Law Journal, 2016, 26 (2): 297-320.

[354] SCHNEIDER D, HARKNETT K.Consequences of routine work-schedule instability for worker health and well-being [J]. American Sociological Review, 2019, 84 (1): 82-114.

[355] SCHOR J B, ATTWOOD-CHARLES W, CANSOY M, et al. Dependence and precarity in the platform economy [J]. Theory and Society, 2020, 49 (5/6): 833-861.

[356] SCHWELLNUS C, GEVA A, PAK M.Gig economy platforms: boon or bane? [EB/OL]. (2019-05-15) [2025-04-21]. https: //read. oecd-ilibrary. org/economics/gig-economy-platforms-boon-or-bane_fdb0570b-en#page1.

[357] SCOONES I.Making policy in the "new economy": the case of biotechnology in Karnataka, India [EB/OL]. [2025-04-21]. https: // assets. publishing. service. gov. uk/media/57a08d1440f0b64974001626/R7607-Wp196_1_.pdf.

[358] SHELDON J.Loty and Holloway and Australian Workers' Union [EB/OL]. (1971-03-23) [2025-04-21]. https: //www.fwc.gov.au/documents/benchbooks/re_loty_and_holloway.pdf.

[359] SILVER B.Forces of labor: workers movements and globalisation

since 1870 [M]. Cambridge: Cambridge University Press, 2003.

[360] Singapore Statutes Online. Platform Workers Bill (Bill No. 26/ 2024) [EB/OL]. (2024-08-06) [2025-04-21]. https: //sso. agc. gov. sg/ Bills-Supp/26-2024/Published/20240806? DocDate=20240806.

[361] SMITH B, GOODS C, BARRATT T, et al. Consumer "app- etite" for workers' rights in the Australian "gig" economy [J]. Journal of Choice Modelling, 2021, 38 (3): 1-17.

[362] SMITH C.The double indeterminacy of labour power: labour effort and labour mobility [J]. Work, Employment and Society, 2006, 20 (2): 389-402.

[363] SMITH C. Continuity and change in labor process analysis forty years after labor and monopoly capital [J]. Labor Studies Journal, 2015, 40 (3): 222-242.

[364] SMITH C, THOMPSON P.Re-evaluating the labour process debate [J]. Economic and Industrial Democracy, 1998, 19 (4): 551-577.

[365] SORGE S. German law on dependent self-employed workers: a comparison to the current situation under Spanish law [J]. Comparative Labor Law & Policy Journal, 2010, 31 (2): 249-250.

[366] Statistics Canada. The sharing economy in Canada [EB/OL]. (2017-02-28) [2025-04-21]. https: //www. statcan. gc. ca/daily-quotidien/ 170228/dq170228b-eng.pdf.

[367] STEFANOT D S. The rise of the just-in-time workforce: on- demand work, crowdwork, and labor protection in the gig-economy [J]. Comparative Labor Law and Policy Journal, 2016, 37 (3): 471-504.

[368] STEWART A, FORSYTH A, IRVING M, et al. Creighton and Stewart's labour law [M]. 6th ed.Sydney: The Federation Press, 2016.

[369] STEWART A, STANFORD J.Regulating work in the gig economy:

what are the options? [J]. The Economic and Labour Relations Review, 2017, 28 (3): 420–437.

[370] SUNDARARAJAN A. The sharing economy: the end of employment and the rise of crowd–based capitalism [M]. Cambridge, MA: MIT Press, 2016.

[371] TAPIOLA K, SWEPSTON L. The ILO and the impact of labor standards: working on the ground after an ILO commission of inquiry [J]. Stanford Law & Policy Review, 2010 (21): 513–526.

[372] Technology Strategy Board. Digital economy strategy 2015–2018 [EB/OL]. (2015–02–17) [2025–04–21]. https://www.gov.uk/government/uploads/system/uploads/attachment_data/file/404743/Digital_Economy_Strategy_2015–18_Web_Final2.pdf.

[373] TEPPER S J. What does it mean to sustain a career in the gig economy? [EB/OL]. (2016–03–31) [2025–04–21]. https://www.arts.gov/sites/default/files/Creativity–Connects–Final–Report.pdf.

[374] THOMAS K D. Taxing the gig economy [J]. University of Pennsylvania Law Review, 2018, 166 (6): 1415–1473.

[375] THOMAS P. Sharing economy [J]. Business & Information Systems Engineering, 2016 (58): 93–99.

[376] THOMPSON B Y. Digital nomads: employment in the online gig economy [J]. Journal of Culture, Politics and Innovation, 2018 (1): 1–26.

[377] THOMPSON P. The nature of work: an introduction to debates on the labour process [M]. London: Palgrave Macmillan, 1989.

[378] THOMPSON P. Crawling from the wreckage: the labour process and the politics of production [M] // KNIGHTS D, WILLMOTT H. Labour process theory. London: Macmillan, 1990.

[379] THOMPSON P, BRIKEN K. Actually, existing capitalism: some

digital delusions [M] // BRIKEN K, CHILLAS S, KRZYWDZINSKI M, et al.The new digital workplace.London: Palgrave Macmillan, 2017.

[380] THOMPSON P, SMITH C. Labour power and labour process: contesting the marginality of the sociology of work [J]. Sociology, 2009, 43 (5): 913-930.

[381] THOMPSON P, VINCENT S. Labour process theory and critical realism [M] // THOMPSON P, SMITH C. Working life: renewing labour process analysis.London: Palgrave Macmillan, 2010.

[382] TIMKO P, MELIK R V. Being a deliveroo rider: practices of platform labor in Nijmegen and Berlin [J] . Journal of Contemporary Ethnography, 2021, 50 (4): 497-523.

[383] TIRABOSCHI M.The Italian labour market after the Biagi Reform [J]. International Journal of Comparative Labour Law and Industrial Relations, 2005, 21 (2): 149-192.

[384] TORPEY E, HOGAN A.Working in the gig economy [EB/OL]. (2019-06-30) [2025-04-21]. https: //www. bls. gov/careeroutlook/2016/article/what-is-the-gig-economy.htm.

[385] Uber.Uber statistics: how many people ride with Uber? [EB/OL]. (2024-09-24) [2025-04-21]]. https: //backlinko.com/uber-users.

[386] UNDP China Office.Universal basic income: a working paper. [EB/OL]. (2017-08-02) [2025-04-21]. https: //www.cn.undp.org/content/china/en/home/library/poverty/universal-basic-income--a-working-paper.html.

[387] UNCTAD.Digital economy report 2024 [R]. Geneva: UNCTAD, 2024.

[388] U.S.Department of Commerce.A communique on the G-20 digital economy ministerial [EB/OL] . (2017-04-07) [2025-04-21]. https: //www. commerce. gov/news/fact-sheets/2017/04/communique-g-20-digital-

economy-ministerial.

[389] U.S.Department of Labor.Opinion letter-FLSA2019-6 [EB/OL].
(2019-04-29) [2025-04-21]. https: //www. dol. gov/whd/opinion/FLSA/
2019/2019_04_29_06_FLSA.pdf.

[390] VAN ALSTYNE M.How digital platform are revolutionizing markets
[EB/OL]. (2016-04-07) [2025-04-21]. http: //digitalcommunity.mit.edu/
community/featured_content/platform-economics.

[391] VAN ARK B.The productivity paradox of the new digital economy
[J]. International Productivity Monitor, 2016 (31): 3-18.

[392] VAN PARIJS P.Real freedom for all: what (if anything) can
justify capitalism? [M]. Oxford: Clarendon Press, 1995.

[393] VAN PARIJS P.Basic income: a simple and powerful idea for the
twenty-first century [J]. Politics & Society, 2004, 32 (1): 7-39.

[394] VAN WELSUM D.Sharing is caring? Not quite.Some observations
about "the sharing economy" [EB/OL]. (2016-05-17) [2025-04-21].
http: //pubdocs.worldbank.org/en/308161452529903561/WDR16-BP-Sharing-is-
caring-DWELSUMl.pdf.

[395] VATAMANESCU E-M, BOGDAN G N, ANDREEA M.
Competition and consumer behavior in the context of the digital economy [J].
Amfiteatru Economic, 2017, 19 (45): 354-366.

[396] VYAS N.Gender inequality-now available on digital platform: an
interplay between gender equality and the gig economy in the European Union
[J]. European Labour Law Journal, 2020, 12 (1): 37-51.

[397] WALTER D. Coherent and coordinated international effort is
required to protect gig economy workers and businesses [EB/OL]. (2022-03-
09) [2025-04-21]. https: //www. ilo. org/newdelhi/info/public/sp/WCMS_
839490/lang--en/index.htm.

[398] WELLMAN B, QUAN-HAASE A, BOASE J, et al.The social affordances of the Internet for networked individualism [J]. Journal of Computer-Mediated Communication, 2003, 8 (3): 5-18.

[399] WOOD A, GRAHAM M, LEHDONVIRTA V, et al.Good gig, bad gig: autonomy and algorithmic control in the global gig economy [J]. Work, Employment and Society, 2019, 35 (1): 56-75.

[400] WORDSWORTH D.Mind your language: gig economy [J]. The Spectator, 2016 (7): 1-2.

[401] World Bank.World development report 2019 [M]. Washington, DC: World Bank, 2019.

[402] World Economic Forum.The global information technology report 2012 [R/OL]. (2012-04-04) [2025-04-21]. http: //reports.weforum.org/ global-information-technology-2012/#section=chapter-1-1.

[403] WRIGHT E O.Working-class power, capitalist-class interests, and class compromise [J]. American Journal of Sociology, 2000, 105 (4): 957-1002.

[404] WU Q J, ZHANG H, LI Z, et al. Labor control in the gig economy: evidence from Uber in China [J]. Journal of Industrial Relations, 2019, 61 (4): 574-596.

[405] YAN L, TAN Y.Feeling blue? Go online: an empirical study of social support among patients [J]. Information Systems Research, 2014, 25 (4): 690-709.

[406] YANG H, GUO X, WU T, et al.Exploring the effects of patient-generated and system-generated information on patients' online search, evaluation and decision [J]. Electronic Commerce Research and Applications, 2015, 14 (3): 192-203.

[407] YILDIRMAZ A, GOLDAR M, KLEIN S.Illuminating the shadow

workforce：insights into the gig economy for the enterprise［EB/OL］.（2020-02-01）［2025-03-25］. https：//www. adpresearch. com/assets/illuminating-the-shadow-workforce/.

［408］ZHENG Q，SU J.Subordination theory in practice：an empirical analysis of Chinese courts'approaches to classifying labour relationships in platform cases［J］.Industrial Law Journal，2023，53（3）：721-750.

［409］ZHENG Q，QIU Z，YANG W.Shifting motherhood penalty and fatherhood premium in China's gig economy：impact of parental status on income changes ［J］. International Labor Review，2023，163（2）：173-197.

［410］菅野和夫.劳动法［M］.12版.东京：有斐閣，2019.

［411］川上資人. 弁護士 CASE FILE （3）ウーバーイーツユニオン結成の意義［J］. 時の法令，2019（2085）：45-50.

索引